対話で育む
多文化共生入門

ちがいを楽しみ、ともに生きる社会をめざして

倉八順子
KURAHACHI Junko

明石書店

まえがき

　前著『多文化共生にひらく対話——その心理学的プロセス』(明石書店)を執筆し、大学を離れ、多文化対話教育の実践者となってから15年の月日がたちました。私にとってこの15年は、「多文化共生」をライフワークとする環境が与えられ、「多文化共生」をライフワークとして生きるという確固たる信念が育まれた期間でした。

　15年という歳月は、心理学的意味をもつ期間です。スイスの発達心理学者ピアジェによれば、生まれ落ちた人が大人の認知構造を獲得する期間が15年です(生まれてから中学校卒業まで)。また人間の精神性の発達を社会とのかかわりで深く洞察した社会心理学者エリクソンによれば、人が社会の中に生み落とされてから、青年期に達し社会の中でアイデンティティを獲得していくまでが15年です。15年は、新しい考え方が根づく期間であり、人の中で信念が根づく期間です。

　15年という時期を、本書のテーマ「多文化共生」で考えてみます。日本が鎖国をしていた江戸時代、ペリーの黒船の来航(1853年)で慌ててから、開国するという考え方が根づき明治維新に至るまでが15年(1853〜1868年)です。そして、1990年に出入国管理および難民認定法(入管法)が改正され定住者が設けられ日本に住む外国人が100万人に達してから、外国人が日本に根づき2倍の200万人に達するまでが15年(1990〜2005年)です。また、人の中に信念が根づく時期としての具体例としては、本書のコラムで扱ったアウンサンスーチーが軟禁されていた期間が15年(1989〜1994年、2000〜2010年)です。この年月の間に、

彼女は自由への闘いの道を歩むという確固たる信念を確立しました。

　2001年から2016年までのこの15年の間に、日本を取り巻く多文化共生の環境は大きく変わりました。外国人が住み始めた地域では必要に迫られ、地域の自治体と住民が手探りで「多文化共生」の試みを続けていた段階から、2005年には国レベルで「多文化共生の推進に関する検討会」が設けられ、2006年には「多文化共生の推進に関する研究会報告書──地域における多文化共生の推進に向けて」が出され、「多文化共生」という言葉が認知されるようになりました。総務省によれば、多文化共生とは、〈国籍や民族などの異なる人々が、互いの文化的ちがいを認め合い、対等な関係を築こうとしながら、地域社会の構成員として共に生きていくこと〉と定義されています。

　この15年の間に、私もさまざまな場で「多文化共生」について話す機会が与えられました。この機会をとおして、「多文化共生」の現状についてあまり知られていないということ、また、多文化共生社会を生きる上で必要な「多文化」との「対話」が、あまり行われていないということに気づかされました。本書では、「多文化共生」の現状についてできるだけわかりやすく具体的に説明し、多文化との「対話」の実践報告をとおして、その「楽しさ」を伝えることを目標としました。

　「文化のちがいは楽しい」という私の信念を、日本語クラスの韓国人女子学生は次のような言葉で表現してくれました。

　　このクラスは本当にさまざまな国から来た学生がいます。ベトナム、モンゴル、スリランカ、ネパール、タイ、それから私、韓国。みんなが日本語を学ぶために同じクラスにいるのに、自分の国の文化とか言葉とか日本語の発音、日本語の勉強の方法はそれぞれ違うので、とてもおもしろいです。
　　まじめな人──ベトナム人、おもしろい人──ネパール人、恋をよくする人──スリランカ人、こころがあたたかい人──モンゴル人、やさしい人─タイ人、そして少女のようなきれいなこころをもってい

る人——日本人先生。私はみんなにとってどんな韓国人なのでしょう。みんなといっしょに勉強できるのは私の人生にとって本当に貴重な時間です。

　本書は、多文化共生社会をめざす行政にかかわる方、地域で活動している方々、これからの多文化共生社会と積極的にかかわりたいと考えている大学生、高校生、そして外国人に日本語の学びを通してかかわっている（あるいはかかわろうとしている）日本語教師の方々を読者に想定して書きました。そしてできる限りわかりやすく丁寧に書くことを試みました。
　本書が、読者のみなさんにとって多文化共生について知り、多文化との対話を楽しむきっかけとなることを願っています。

倉八順子

　本書は、読者をえて 2020 年 6 月初版第 2 刷を出すことになりました。ありがとうございます。初版第 2 刷を出すにあたって、この 3 年間に大きな変化のあったところのみ改訂をいたしました。1 つは 2019 年 4 月の入管法改定により特定技能という在留資格が設けられたこと（第 1 章 8 外国人の受け入れ政策）、もう 1 つは、2016 年 12 月私のかかわる立川市は『多文化共生都市宣言』をしたこと（第 2 章 15 外国人市民はどのように多文化共生にかかわっていますか？）です。統計資料も最新のものにしたかったのですが、時間の関係でできませんでした。
　このような分断の時期に「対話の重要性」を綴った本書の第 2 刷が出せたことに、こころから感謝いたします。

　　　　　　　　　　　　　第 2 刷　まえがきを加筆した日に
　　　　　　　　　　　　　2020 年 5 月 19 日
倉八順子

もくじ

＊

まえがき　003

I
多文化共生を考えるための基礎知識

第1章　日本のなかの「多文化」って何だろう？

1 「多言語・多文化社会日本」とは？……… 012
▶コラム　言葉に紡がれた「多文化共生」❶
　　『Man'yo Luster 万葉集』『英語でよむ万葉集』リービ英雄　014
2 「自民族中心主義」と「文化相対主義」……… 017
3 「人権」とは何だろう？……… 019
4 日本に住む「外国人」はどのくらいいますか？……… 021
5 どんな国の人が日本に住んでいますか？……… 024
6 外国人はどんな仕事をしていますか？……… 026
7 日本ではなぜ「移民」と呼ばないのでしょうか？……… 029
8 外国人の受け入れ政策──出入国管理政策……… 031
9 外国人の権利と「市民権」とは？……… 034
10 「国籍」はどのように与えられるのですか？……… 036
11 帰化とはどのような制度ですか？……… 038
▶コラム　言葉に紡がれた「多文化共生」❷
　　「「日本出身」報道に違和感」大島親方　040
12 なぜ「帰化」するのでしょうか？……… 042
13 「永住」と「帰化」はどうちがいますか？……… 044
14 在日韓国・朝鮮人とは？……… 046
▶コラム　言葉に紡がれた「多文化共生」❸　『在日』姜尚中　048
15 在日韓国・朝鮮人への民族差別と差別解消への取り組み……… 050
16 インドシナ難民とは？……… 053
17 難民の受け入れの現状は？……… 055
18 中国残留日本人とは？……… 058
▶コラム　言葉に紡がれた「多文化共生」❹　『大地の子』山崎豊子　060
19 1990年代に日系南米人はなぜ増えたのですか？……… 063

20 かつて日本は移民の送り出し国だった？………066
　　　──ブラジル移民
　　▶コラム　言葉に紡がれた「多文化共生」5　『蒼氓』石川達三　　068
21 技能実習生とは？………070
22 看護師・介護福祉士の受け入れの現状は？………073
23 留学生は増えているのでしょうか？………076
24 不法滞在者とはどのような人たちですか？………079
25 外国につながるこどもの教育………081
　　▶コラム　言葉に紡がれた「多文化共生」6
　　　　「言葉の力を信じています」マララ・ユスフザイ　　084

第2章　「多文化」と「共生」するとはどういうことだろう？

1 「同化主義」「多文化主義」から「多文化共生」へ………088
2 多文化との共生のために必要なこと………090
　　▶コラム　言葉に紡がれた「多文化共生」7　『寛容論』ヴォルテール　　092
3 こころの壁とは──ジョハリの窓………094
4 文化接触とこころの反応………096
5 対話がもたらすものは何だろう？………099
　　▶コラム　言葉に紡がれた「多文化共生」8
　　　　『絆こそ、希望の道しるべ』アウンサンスーチー　　101
6 こころの壁を取り除くために………104
　　　──コンフリクト場面をどう考えるか
7 異文化をどう考える？………107
8 ヘイトスピーチをするのは言論の自由ですか？………111
　　▶コラム　言葉に紡がれた「多文化共生」9
　　　　『自由への長い道』ネルソン・マンデラ　　114
9 自立した市民を育てる教育──シチズンシップ教育………116
10 日本の多文化共生政策──社会統合政策………119
11 日本の社会統合政策の課題──移民統合政策指数（MIPEX）………121
12 どのようなかかわりが「多文化共生」をもたらしますか？………124
　　　──接触仮説
　　▶コラム　言葉に紡がれた「多文化共生」10
　　　　「私には夢がある」キング牧師　　126

13 ボランティア精神とは何ですか？ ………128
14 外国につながる人たちは地域とどうかかわりたいと
　　考えていますか？──ボランティア精神での交流………130
15 外国人市民はどのように多文化共生にかかわっていますか？ ………133

II
多文化共生のための実践

第3章　「ちがい」を楽しむ対話のワークショップ
　1　「ちがいに気づく」レッスン　ちがいのちがい………140
　2　「ちがいの意味に気づく」レッスン　レヌカの学び………147
　3　「文化のちがいの意味に気づく」レッスン
　　　カルチャーアシミレーター………156

第4章　対話の実践現場から
　1　留学生教育の場──対話の空間での学び………172
　2　地域の多文化共生の場………195
　　　──NPO法人たちかわ多文化共生センターの取り組みから

あとがき　　209
引用・参考文献・DVDおよびウェブサイト　　213

I
多文化共生を考えるための基礎知識

　第1部では多文化共生を考えるための基礎知識を身につけます。第1章では、多文化社会日本の現状について具体的なデータを示し、法律を紹介することによって、現在の日本が多文化社会であることを考えていきます。その上で第2章では、多文化社会日本で人びとがともに生きていくためには何が必要か、どういう考え方が必要かについて考えていきます。

第 **1** 章

日本のなかの「多文化」って何だろう？

1 「多言語・多文化社会日本」とは？

　法務省入国管理局の統計によれば、2015年12月末現在、日本に住む在留外国人（中長期滞在者および特別永住者、外交官関係者は含まない）は223万2189人です。在留外国人を国籍・地域別にみてみると、アジア39か国・地域（台湾）、ヨーロッパ52か国、アフリカ53か国、北米23か国、南米12か国、オセアニア14か国、計193か国・地域です。
　世界の国の数は日本が承認している195か国（台湾・パレスチナ自治政府は認めていません）＋日本の196か国ですから、世界のほとんどすべての国・地域の人びとが日本に在留していることになります。母語が異なり、文化的背景を異にする世界のほとんどすべての国の人びとが、住民として、日本に住んでいるというのが、2016年の日本の現実です。
　長い間、日本人は私たちが暮らす社会が漠然と〈単一言語・単一文化社会〉だと考えてきたために、〈純血主義〉を資源と考え、血統を大切にしてきました。そのため、日本人の言動や考え方は、外国人、すなわち言語的・文化的マイノリティ（少数者）に対する配慮が欠落していると言えます。言語的・文化的マイノリティに対して、私たちは、ことばの壁、制度の壁、そして、何よりも、〈こころの壁〉（仲間として認めないこと）をもっています。
　しかし、日本はもともと大陸とつながっていました。大陸と離れ、島となってから、海を渡って来た人びとが住みつき、彼らとの〈混血人種〉が日本人を構成しています。万葉集が編纂された奈良時代（ナラは韓国・朝鮮語で国という意味）には大陸との交流が活発で、万葉歌人の中には朝鮮半島出身とも言われる山上憶良などの外国出身者もいたとされます。万葉集を英語に訳したリービ英雄は「『万葉集』の時代、日本は

表 1-1　国籍・地域別外国人数（2015 年末）

(人)

国籍	人数
中国	665,847
韓国＋朝鮮	491,711
フィリピン	229,595
ブラジル	173,437
ベトナム	146,956
ネパール	54,775
アメリカ	52,271
台湾	48,723
ペルー	47,721
タイ	45,379
その他	275,774
計	2,232,189

法務省入国管理局資料による

オープンでおおらかだった。真の国際化とは万葉集を学ぶことだ」と語っています（次頁のコラム❶参照）。日本民族というのは近代が作った枠組みであり、アイヌ民族、樺太の先住民族、琉球民族なども日本を構成している住民です。

　ですから、純血主義による文化的優越主義や文化的同質性をもって日本人のアイデンティティを形成することは、そもそも日本の実態とは異なります。さらに、そのような文化的優越主義や文化的同質性をもって日本人のアイデンティティを形成することは、21 世紀の多文化共生社会の現実に合わないことを、私たちは、深く自覚しなければなりません。日本は多言語・多文化社会であることを認識し、あらゆる人には〈人権〉があることを自覚した上で、〈こころの壁〉を取り除き、文化的多様性を資源として豊かな社会を作っていきましょう。

コラム ▶ 言葉に紡がれた「多文化共生」 ❶

『Man'yo Luster 万葉集』『英語でよむ万葉集』
リービ英雄

　2002年、私は『Man'yo Luster 万葉集』（英訳・リービ英雄／写真・井上博道、ピエブックス）という美しい本と出会いました。リービ英雄の英訳をとおして「万葉集」を読み、万葉の世界が多文化にひらかれた世界であることを知りました。リービ英雄は、私にとって難しかった万葉集を、わかりやすい英語にしてくれ、万葉の世界を私に近づけてくれました。

　リービ英雄（Ian Hideo Levy）は日本語を母語とせずに日本語で創作を続けている作家です。父は東欧系ユダヤ人、母はポーランド人移民で、アメリカに生まれました。父親は外交官で、少年時代から台湾、香港、アメリカ、日本などを移住して過ごしました。プリンストン大学で万葉集を中西進に学び、プリンストン大学、スタンフォード大学で教え、その職を辞して1994年に来日し、それ以来、日本の地で、日本語で、創作活動を続けています。

『Man'yo Luster 万葉集』ピエブックス、2002

　『英語でよむ万葉集』（岩波新書）には、リービ英雄の万葉集への想いが綴られています。「万葉集は、日本の中でよく言われていたように、「古典」であるとか「伝統」であるというよりも、もしかしたら世界にも例をみない、詩歌の集大成なのではないか──ぼくにはそう思われたのである。世界文学としての、万葉集」。万葉の時代が多文化にひらかれた時代であったことをリービ英雄の『英語でよむ万葉集』をとおして見ていきます。

　　太宰少弐小野老朝臣の歌一首
　　あをによし、奈良の京（みやこ）は　咲く花の　にほふがごとく　今盛りなり

Poem by One Oyu, the Vice-Commander of the Dazaifu
　The capital at Nara,
　beautiful in green earth,
　flourishes now
　like the luster
　of the flowers in bloom.
　（『英語でよむ万葉集』pp.56-57）

　リービ英雄は、奈良の京は、ヨーロッパは暗闇の時代、中国の長安に次いで、スケールだけでなく「文明度」という意味でも世界第二の都市だったと言います。大陸にひらかれていた島国の奈良では、大陸にない感性が大陸にないことばで表され、大陸出身の歌人たちも交じってその表現に参加していました。
　その奈良の住人が、「見て、私たちの京は今栄えている、今盛りに達している」と自然界の比喩をもって訴えているところに、リービ英雄は、自文化の誇示、それも、近代のナショナリズムにありがちな陰鬱で排他的な自己主張とはまったく違う、じつにおおらかな声を感じると言います。

好去好来歌一首より
神代より　言ひ伝て来らく　そらみつ　倭国は　皇神の　厳しき国
言霊の　幸はふ国と　語り継ぎ　言ひ継がひけり……

　from
　Poem wishing Godspeed to the Ambassador to China
　　It has been recounted
　　down through time
　　since the age of the gods:
　　that this land of Yamato
　　is a land of imperial deities' stern majesty,

a land blessed with the spirit of words… 　（同 pp.204-205）

　この歌を詠んだのは山上憶良です。山上憶良は帰化人ではなかったかという最も有力な学説を論じた中西進の『山上憶良』（河出書房新社）によると、百済で生まれた憶良は、大和と同盟関係にあった百済の滅亡をきっかけに、幼少期に父と一緒に日本に渡ったと言います。

　リービ英雄は、漢文脈に通じて数々の漢詩を残している表現者が「バイリンガル的」な感性で和歌も書いたと考えると、山上憶良の真の「越境性」が浮かび上がると述べています。山上憶良は奈良時代に多文化を生きる人であったということになります。

　山上憶良の「好去好来歌」は「唐の遠き境」へ向かう遣唐使に「よく行ってよく来る」、つまり無事に向こうへ渡り、無事にこちらへ帰朝することを願う歌です。朝鮮半島出身だったと思われる、万葉集の中で誰よりも漢文に通じ、漢文的な大和ことばのテキストを創ったバイリンガルな感覚の持ち主が、島国から大陸へ、大陸から島国へという航路を意識した文脈の中で、大和の国を「言霊の　幸はふ国」と称したことに、リービ英雄は大いなる意味を見出しています。異文化との往還により視野が広がり、別の目を得て、半島、大陸、島国という構図の中で、日本にことばの自意識が生まれたのだと分析しています。そうだとすると、多文化との共生を生きることにより、ことばは豊饒化し、人は幸せになることになります。

2
「自民族中心主義」と「文化相対主義」

　文化的背景が異なる人びとが出会うとき、人は無意識のうちに自分の生まれ育った文化を基準として行動し、相手の行動を、自分を基準に解釈します。人は〈自民族中心主義〉、すなわち、自分の文化を最上のものと考える傾向をもつものです。

　30年以上前のことですが、駐日韓国大使館の韓国人男性Sさんと食事したときのことです。Sさんは、韓国大使館の参事官で、私の勤務していた大学の国際センターで日本語を学んでいました。Sさんは教養に溢れ人柄も穏やか、紳士的な方で、楽しい会話が続きました。ご飯を食べたときのことです。Sさんは、お茶碗を持たずに顔をお茶碗に近づけ、ご飯を食べ始めました。私は、「韓国ではお茶碗を持って食べると乞食と言われる」ということを知識としては知っていたのですが、目の前で、お茶碗を持たずに、顔をお茶碗に近づけて食べるSさんを見て、「えっ！」と本当に驚きました。

　韓国と日本は同じ米食文化をもつ国です。日本では、「お茶碗を持たないで食べるのは犬と同じ」と考え、「お茶碗を持って食べる」ことが美しいとされています。私はこの〈自文化〉から判断し、紳士的なSさんの紳士的でない行動に驚いたのでした。日本のお茶碗は小さくて軽いです。ですから持ち上げて食べたほうが美しいとされたのでしょう。これに対し、韓国のお茶碗は大きくて重いです。ですから、持ち上げないのが美しいとされたのでしょう。このように、文化による〈ちがい〉には、〈意味〉があります。

　現在、日本に来て〈爆買い〉をする中国人観光客を見た日本人が「大きな声で話すし、レストランで食べきれないくらい注文して残すし下品

だ」と批判するのを耳にします。それは、「日本では、人前では大きな声で話さないのが礼儀で、残さないのが上品」という〈自文化〉の基準で判断するからです。しかし、中国では大きな声で話すのは相手を大切に思っているからですし、食べきれないほど注文して残すのは、豊かであることを示す行動です。このような「意味」を知れば、ちがいに対して寛容になることができます。

調査の結果によると「中近東・アジア諸国からの外国人労働者が増えるとスラム化したり犯罪が増える」と考えている日本人が70％近くいると報告されています。しかし、警察庁が発表している「来日外国人犯罪の検挙状況」（警察庁刑事局組織犯罪対策部）によると、2005年をピークに外国人犯罪の検挙件数も検挙人員も減少しています。中近東・アジア諸国の外国人労働者が犯罪を起こす率が高く、犯罪を起こすのは彼／彼女たちの〈文化的背景〉によるという自民族中心の考え方はあたっていません。彼／彼女たちが犯罪をするのは〈文化的背景〉によるものではなく、社会から〈排除〉されているからです。社会から排除された人間が犯罪をするのは、文化にかかわらず普遍的な人間の行動様式です。彼／彼女たちを〈排除〉するのではなく、彼／彼女たちの行動の〈意味〉を知り、社会で〈包摂〉していくことこそが豊かな社会を作っていきます。

すべての文化は、その環境や歴史的経緯の中で形成されたもので〈意味〉があり、複数の文化間に優劣をつけることはできません。自文化の中で育った私たちは、他者の文化を判断する基準を自分の中にもっていません。この考え方は20世紀の人類学者フランツ・ボアズによって提唱されたもので〈文化相対主義〉という考え方です。ボアズはドイツ人でアメリカにわたり、アメリカ先住民族の諸語を研究し、「文化は意味をもつものである」ことに気づきました。

私たちは自分の物差しで相手文化を判断しないという倫理的態度をもち、相手文化について学び、知識を得ることで、相手の行動の〈意味〉を理解し、〈寛容性〉を身につけていきましょう。

3
「人権」とは何だろう？

　第二次世界大戦を経験した世界は、二度と戦争を繰り返さないという決意のもとに、あらゆる人の人権が尊重される社会を築く決意をし、そのために行動しました。1947年、国際連合人権委員会委員長の要請に基づき、国際人権章典起草のための委員会が設けられました。委員国には、オーストラリア、チリ、中国、フランス、オランダ、ソ連（当時）、英国、米国が選出されました。起草委員会は、法的な拘束力はもたない人権保障の目標ないし基準を宣言する人権宣言と、法的な拘束力をもつ人権規約の双方が必要であるとして、その草案を国連人権委員会に提出しました。

　人権宣言案は、1948年12月10日第3回国連総会（当時の加盟国は58）において「世界人権宣言」(Universal Declaration of Human Rights) として、賛成48、反対0、棄権8、欠席2で採択されました。「世界人権宣言」は、人権および自由を尊重し確保するために、すべての人民とすべての国とが達成すべき共通の基準を定めたものです。1950年の第5回国連総会において、この記念すべき12月10日を「人権デー」(Human Rights Day) として、毎年この日に世界中で記念行事をすることが決議されました。

　日本はサンフランシスコ平和条約が発効し主権を回復した1952年に国連加盟を申請しましたが、ソ連の拒否権によって否決され、1956年10月ソ連との国交回復後、同年12月18日に加盟国として認められました。国連の80か国目の加盟国でした。日本は、1933年の国際連盟脱退から国際社会から孤立化の道を歩みましたが、23年後に国際社会に復帰しました。2015年現在の国連加盟国は193か国になっています。

世界人権宣言ではその第1条で、あらゆる人びとが、「同胞の精神をもって行動しなければならない」としています。
　〈多文化共生〉とは、地球に住むすべての人びとに対して「同胞の精神をもって行動すること」なのです。

> **世界人権宣言　第1条（Article 1）**
>
> 　All human beings are born free and equal in dignity and rights. They are endowed with reason and conscience and should act towards one another in a spirit of brotherhood.
>
> 　すべての人間は、生まれながらにして自由であり、かつ、尊厳と権利とについて平等である。人間は、理性と良心とを授けられており、互いに同胞の精神をもって行動しなければならない。
>
> 　　　　　出所：外務省ウェブサイト「世界人権宣言」（仮訳文）による

4 日本に住む「外国人」はどのくらいいますか？

　日本に住んでいる人は、「日本人」と「外国人」に分類することができます。「外国人」がどれくらい住んでいるかを見る前に、現在の日本の状況では「日本人」と「外国人」に分けることは時代に合わなくなっていることを知っておかなければなりません。「日本人」のなかにも外国につながる人がいます。日本に帰化した人、日本人と結婚し日本国籍を得た人、一方の親が日本人で一方の親が外国人の人（ダブルの人）、無国籍で日本国籍を得た人などです。また、海外帰国子女のように、海外で教育を受けた人もいます。

　同様に、「外国人」のなかにも、日本につながる人がいます。旧植民地（韓国・朝鮮、台湾）から日本に来た人の子孫で、日本で生まれ日本の教育を受け、日本で育った「特別永住者」。かつてブラジルに渡った人たちの子孫で「定住者」として日本に住んでいる日系人などです。

　このように、統計に表れた「外国人」は外国につながる人の実態を必ずしも表していないという事実を頭に入れた上で、統計に表れた「外国人」の数を見てみましょう。

　法務省の在留外国人統計によれば、日本に住む外国人（1年以上滞在する中長期滞在者と特別永住者）は、2015年12月現在、総数で223万2189人です。これは2014年末と比べると11万358人（5.2%）増、日本の総人口（1億2698万人）の1.7%です（**図4-1**）。

　日本に住む外国人が100万人の大台に乗ったのは1990年、そしてその15年後の2005年には200万人に達しました。これまでのピークは2008年で約221万人になりました。その後、リーマンショック後の不況で外国人労働者は派遣切りなどで職を失い、帰国を余儀なくされまし

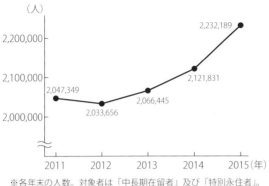

※各年末の人数。対象者は「中長期在留者」及び「特別永住者」。

図 4-1　在留外国人数の推移
法務省入国管理局統計による

た。2011年3月11日の東日本大震災でも多くの外国人が帰国し、2012年には約203万人まで落ち込みましたが、その後再び上昇に転じました。そして2015年12月末には、過去最高の223万2189人になっています。

　2015年12月末の在留資格別では、永住者が31.4%で前年比3.5%増、特別永住者が15.6%で前年比2.7%減、永住者計で全体の47%を占めています（**表4-1**）。すなわち、日本に住む外国人の半数は、日本に永住する外国人です。これに、「日本人」で「外国につながる人」を含めれば、日本に永住する「外国につながる人」はもっと多くなります。私たちは、「外国人」はいずれ母国に帰っていく人ではなく、ともに日本に住む市民であるという認識を明確にもつ必要があります。

　都道府県別にみると、**図4-2**に見られるように、東京都が20.7%、大阪府9.4%、愛知県9.4%、神奈川県8.1%、埼玉県6.3%と、首都圏とその近郊の大都市圏に多くなっています。交通・通信網が発達した便利なところ、安全なところ、仕事があるところに、多くの外国人が暮らしています。

表 4-1　在留資格別在留外国人数の推移

	2011年(人)	2012年(人)	2013年(人)	2014年(人)	2015年(人)	構成比(%)	対前年増減率(%)
特別永住者	389,085	381,364	373,221	358,409	348,626	15.6	-2.7
永住者	598,440	624,501	655,315	677,019	700,500	31.4	3.5
留学	188,605	180,919	193,073	214,525	246,679	11.1	15.0
技能実習	141,994	151,477	155,206	167,626	192,655	8.6	14.9
定住者	177,983	165,001	160,391	159,596	161,532	7.2	1.2
日本人の配偶者等	181,617	162,332	151,156	145,312	140,349	6.3	-3.4
その他	369,625	368,062	378,083	399,344	441,848	19.8	10.6
計	2,047,349	2,033,656	2,066,445	2,121,831	2,232,189	100.0	5.2

法務省入国管理局統計による

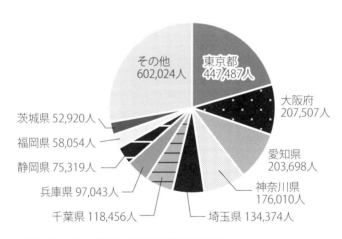

図 4-2　主な都道府県別在留外国人数（2015年6月末現在）

法務省入国管理局統計による

5
どんな国の人が日本に住んでいますか？

　日本には193か国の人、すなわち、世界中のほとんどすべての国の人が住んでいます。

　表5-1は過去3年の12月末の上位10か国・地域の国籍・地域別在留外国人の推移を示したものです。

　どの国の出身者が日本に住んでいるかを考える上では、日本政府の外国人の受け入れ政策、すなわち、さまざまな属性をもつ外国人の中からどういう人の在留を認めて、どういう人の在留は認めないかを決定する政策との関連で見ていく必要があります（第1章8参照）。

　圧倒的に多いのが中国で、2015年の人数では全体の30％、前年比1.7％増です。中国が増えているのは、技能実習と留学生が増えていることによります。

　フィリピンは構成比は10.3％ですが、増えている（前年比5.5％増）のは技能実習が増えていることによります。

　韓国・朝鮮は構成比22％ですが、1.9％減少しています。これは、まず、特別永住者の中に、帰化する人や日本人と結婚して日本国籍を取得する人が多いこと、次に、2011年の東日本大震災以降、風評被害等によって、韓国からの留学生が減少していることによります。

　2011年の東日本大震災までは、留学生は中国と韓国が多かったのですが、大震災で留学生の約46％が本国に一時帰国しました（日本語教育振興協会『「東日本大震災」に伴う留学生の動向調査について（最終報告）』）。これに伴い、日本語学校は新たな留学生を見出そうと、ベトナム、ネパールに働きかけました。その結果、ベトナム、ネパールからの留学生が急増しました。

表 5-1　国籍・地域別在留外国人数の推移

国籍・地域	2013年(人)	2014年(人)	2015年(人)	構成比(%)	対前年比増減率(%)
中国	649,078	654,777	665,847	29.8	1.7
韓国・朝鮮	519,740	501,230	491,711	22.0	-1.9
フィリピン	209,183	217,585	229,595	10.3	5.5
ブラジル	181,317	175,410	173,437	7.8	-1.1
ベトナム	72,256	99,865	146,956	6.6	47.2
ネパール	31,537	42,346	54,775	2.5	29.4
米国	49,981	51,256	52,271	2.3	2.0
台湾	33,324	40,197	48,723	2.2	21.2
ペルー	48,598	47,978	47,721	2.1	-0.5
タイ	41,208	43,081	45,379	2.0	5.3
その他	230,223	248,106	275,774	12.4	11.2
計	2,066,445	2,121,831	2,232,189	100.0	2.4

法務省入国管理局統計による

　ベトナムは構成比は6.6%ですが、前年比47.2%増と大幅に増えています。これは留学生（全体の44%）と技能実習（全体の40%）が増えていることによります。

　ネパールは構成比2.5%ですが、29.4%増です。ネパールの64%は留学生です。また20%は「技能」、すなわち調理師です。最近増えているインド料理店の多くは、ネパール人の調理師が経営しています。

　南米のブラジルとペルーが減少しているのは、日系人の定住者がリーマンショック以降の不況の影響で帰国する人が増えているからです。

6
外国人はどんな仕事をしていますか？

　厚生労働省が行っている「外国人雇用状況」届出状況の取りまとめによると、日本で働く外国人は 2015 年 10 月末現在、約 90 万 8000 人で、2007 年に届け出が義務化されて以来、過去最高を更新しました（**図 6-1**）。これは事業主に雇用されている外国人労働者数ですが、この中には特別永住者（約 35 万人）、在留資格「外交」「公用」（「在留外国人数」に含まれない）は含まれていません。

　外国人労働者が増えているのは、人手不足で企業が外国人に頼る傾向が強まっていること、政府が受け入れを進めている留学生のアルバイトが増えていることが背景にあります。

　図 6-2 は 2015 年の国籍別外国人労働者の割合を示しています。一番多いのは中国の 32 万 2545 人で全体の 35.5％（前年比 3.4％増）ですが、全体に占める割合は減る傾向にあります。厳しい労働環境の技能実習生（第 1 章 21 参照）が約 6000 人減るなど、自国の経済成長により日本で働く魅力が減っているためで、代わりに、ベトナム（80％増、約 11 万人）やネパール（61％増、約 3 万 9000 人）などが急増しています。

　図 6-3 は、在留資格別外国人労働者の割合を示しています。身分に基づく資格（日系人など）が約 36 万 7000 人、専門的・技術的分野が約 16 万 7000 人、資格外活動の留学生が約 19 万 2000 人、技能実習が約 16 万 8000 人となっています。ちなみに、留学生は前年比で約 4 万 2000 人（33％）増、技能実習は約 2 万 2000 人（16％）増えています。

　国籍別・在留資格別にみると、中国は「技能実習」が 27％、「身分に基づく在留資格」が 24％、専門・技術分野が 22％、留学が 22％ です。これに対し、フィリピン、ブラジル、ペルーは身分に基づく在留資格の

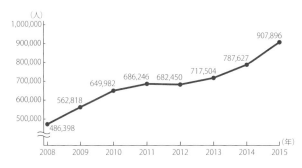

図 6-1　日本で働く外国人の数
厚生労働省「『外国人雇用状況』の届出状況まとめ
（平成 27 年 10 月末現在）」による
（図の出所、以下同じ）

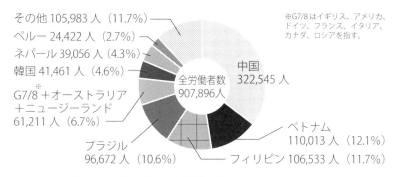

図 6-2　国籍別外国人労働者数（2015 年 10 月末現在）

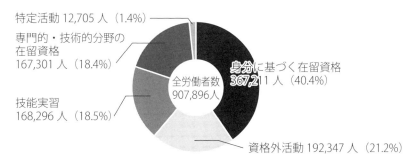

図 6-3　在留資格別外国人労働者数（2015 年 10 月末現在）

図 6-4　産業別外国人雇用事業所の割合（2015 年 10 月末現在）

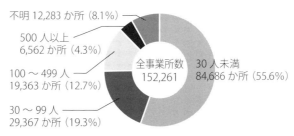

図 6-5　事業所規模別外国人雇用事業所の割合（2015 年 10 月末現在）

「永住」が多くなっています。ベトナムは留学が 44%、技能実習が 40%、ネパールは留学が 64% になっています。

　産業別にみると（**図 6-4**）、「製造業」が 25%、次いで「卸売業・小売業」が 17%、「宿泊業、飲食サービス業」が 14% となっており、製造業の割合が減り、宿泊業・飲食サービス業、卸売業、小売業が増加しています。働く現場は中小企業が多く、「30 人未満」が 56%、「30～99 人」が 19% で、100 人未満が全体の 4 分の 3 を占めており、日本人の若者が集まりにくい中小・零細企業が外国人労働者に頼っているのが実態です（**図 6-5**）。

　外国人にとって働きやすい環境を整備していかなければ、日本に働きに来てくれる外国人はいなくなるでしょう。そうなれば日本の経済はたちゆかなくなるという危機感をもって、ともに住みやすい社会とはどういう社会なのか、ともに住みやすい社会にするには何が必要なのかについて一緒に考えていきましょう。

7
日本ではなぜ「移民」と呼ばないのでしょうか？

　英語では、その国に定住して働く外国人労働者とその家族は"immigrant"と呼ばれます。"immigrant"は「移住してくる人：移民」という意味です。「移民」の定義は国によって異なりますが、国際連合などの国際機関は「移民」をかなり広い範囲でとらえています。1997年の国連事務総長報告では、「移民」を「通常の居住地以外の国に移動し、少なくとも12か月間、当該国に居住する人」と定義しています。

　現在の日本社会は、外国人労働者の存在なしにはなりたちません。コンビニで働いている人、居酒屋で働いている人、縫製工場や水産加工工場で働いている人、農場で働いている人、建設現場で作業にあたっている人……、外国人労働者はほとんどあらゆる分野で働いています。外国人労働者には、デカセギを目的に来日し、いずれは母国に帰りたいと考えている人と、日本に１年以上滞在し、できれば日本でずっと働きたいと考えている人（定住外国人）がいます。

　日本政府は「国民に〈移民〉への理解が得られていない」として、外国人労働者に対して「移民」という言葉を使わず「定住外国人」という言葉を使ってきました。これに対して、近年、多文化共生にかかわる研究者、NGO（非政府組織）、NPO（特定非営利活動法人）、ボランティア団体の実践者を中心に、「移民」「移住労働者」という言葉を積極的に使い、日本は「移民とともに生きる国」であることの認識を広めようという意識啓発が行われています。

　政府が「定住外国人」という言葉を使う背景には、「外国人には単純労働を提供してほしい、しかし、単純労働の外国人はいずれは帰ってほしい」という考え方があるとされています。現在、日本の若者はいわゆ

る3K（きつい、きたない、危険）と呼ばれる単純労働につきたがりません。「定住外国人」という言葉には、この不足している単純労働を担ってもらい、いずれは帰ってほしいという考え方があります。しかし、「いずれ帰る人」との間には社会を構成する当事者同士の共生関係は生まれません。「いずれ帰る人」との間には、「ことばの壁」（日本語で話さない）、「制度の壁」（外国人には政治的権利を与えない）、「こころの壁」（仲間として認めない）などが生じてしまうからです。

　「移住労働者」「移民」として日本に来てくれる外国人は、労働力をはじめとする資源を提供してくれ、私たちとともに日本社会を作っていく人であるという意識をもつことが、21世紀の多文化共生社会にあっては何よりも大切です。「移民」との習慣のちがいなどの「文化的多様性」を資源として受け入れ、彼／彼女たちとの「ことばの壁」「こころの壁」を取り除き、真の共生社会の実現に向けて、一人ひとりが考え、行動していくことが必要です。

　21世紀のグローバル社会にあって日本のめざすべき将来像は、外国人に労働力だけを提供してもらい、いずれ帰ってもらうことではなく、国籍や民族の異なる人びとが、文化のちがいを互いに尊重し、共生する社会の実現にほかなりません。

8
外国人の受け入れ政策──出入国管理政策

　外国人の受け入れ政策には出入国の時点での政策である「出入国管理政策」と、入国した外国人を社会の構成員として受け入れるための政策である「社会統合政策」があります。
　日本の「出入国管理政策」は「出入国管理及び難民認定法」で定められています。さまざまな属性をもつ外国人の中からどういう人の在留を認めて、どういう人は認めないかを決定する法律です。1951年、占領下でポツダム政令として「出入国管理令」が制定され、1952年のサンフランシスコ平和条約の発効時に法律として存続する手続きがとられました。その後、1981年の難民条約批准により、難民の受け入れにもかかわる法律となり、「出入国管理及び難民認定法（以下、入管法）」に変更されました。出入国管理の役割と機能は、自国に利をなすであろう外国人の入国、滞在、活動を認め、そうではない外国人の受け入れを制限することにあります。
　2016年現在、入管法で定められている在留資格は、Ⅰ．一定の活動を行うための在留資格と、Ⅱ．活動に制限がない在留資格に分けられます。Ⅰはさらに、①就労が認められる在留資格、②就労が認められない在留資格、③就労が認められるかどうかは個々の許可内容によるもの、に分けられます。①②はそれぞれ、上陸許可にかかわる基準省令の適用を受けないもの、上陸許可にかかわる基準省令の適用を受けるものに分けられます。2020年現在の在留資格と在留期間は**表8-1**の通りです。
　2019年までは外国人に就労が認められる在留資格は18で、専門的な技術・知識を有する労働者のみでした。「いわゆる単純労働者」は、活動に基づく在留資格では、留学生の資格外活動（1週間に28時間まで）、制度上の目的は技術移転である技能実習生の「実習」（縫製工場や水産業

表 8-1　在留資格一覧

I　一定の活動を行うための在留資格		
①就労が認められる在留資格		
在留資格	該当例	在留期間
(1) 上陸許可に係る基準省令の適用を受けないもの		
外交	外国政府の大使、公使、総領事及びその家族	外交活動の期間
公用	外国政府の大使館・領事館の職員及びその家族	5, 3, 1年、3月、30, 15日
教授	大学教授等	5, 3, 1年、3月
芸術	作曲家、画家、著述家等	5, 3, 1年、3月
宗教	外国の宗教団体から派遣される宣教師等	5, 3, 1年、3月
報道	外国の報道機関の記者、カメラマン	5, 3, 1年、3月
(2) 上陸許可に係る基準省令の適用を受けるもの		
高度専門職	ポイント制による高度人材	1号は5年、2号は無期限
経営・管理	企業等の経営者・管理者	5, 3, 1年、4, 3月
法律・会計業務	弁護士、公認会計士等	5, 3, 1年、3月
医療	医師、歯科医師、看護師	5, 3, 1年、3月
研究	政府関係機関や私企業等の研究者	5, 3, 1年、3月
教育	中学校・高等学校等の語学教師	5, 3, 1年、3月
技術・人文知識・国際業務	機械工学等の技術者、通訳、デザイナー、私企業の語学教師、マーケティング業務従事者等	5, 3, 1年、3月
企業内転勤	外国の事業所からの転勤者	5, 3, 1年、3月
介護	介護福祉士	5, 3, 1年、3月
興行	俳優、歌手、ダンサー、プロスポーツ選手等	3, 1年、6, 3月、15日
技能	外国料理の調理師、スポーツ指導者、航空機の操縦者、貴金属等の加工職人等	5, 3, 1年、3月
特定技能	1号：特定産業分野に属する相当程度の知識又は経験を要する業務に従事する外国人	1年、6月、4月
	2号：徳的産業分野に属する熟練した技能を要する業務に従事する外国人	3年、1年、6月
技能実習	技能実習生1号～3号	1年、6月または法務大臣が個々に指定する期間（1号は1年を超えない範囲、2号3号は2年を超えない範囲）
②就労が認められない在留資格		
(1) 上陸許可に係る基準省令の適用を受けないもの		
文化活動	日本文化の研究者等	3, 1年、6, 3月
短期滞在	観光客、会議者等	90、30、15日以内
(2) 上陸許可に係る基準省令の適用を受けるもの		
留学	大学、短期大学、高等学校、中学校、小学校等の学生	4年3月、4年、3年3月、3年、2年3月、2年、1年3月、1年、6月、3月
研修	研修生	1年、6, 3月
家族滞在	在留外国人が扶養する配偶者・子	5年、4年3月、4年、3年3月、3年、2年3月、2年、1年3月、1年、6月、3月

③就労が認められるかどうかは個々の許可内容によるもの（上陸許可に係る基準省令の適用を受けない）		
特定活動	外交官等の家事使用人、ワーキング・ホリデー、経済連携協定に基づく外国人看護師・介護福祉士候補者等	5、4、3、2、1年、6、3月または法務大臣が個々に指定する期間（5年を超えない範囲）

Ⅱ　活動に制限のない在留資格		
永住者	法務大臣から永住の許可を受けた者（入管特例法の「特別永住者」を除く）	無期限
日本人の配偶者等	日本人の配偶者・子・特別養子	5、3、1年、6月
永住者の配偶者等	永住者、特別永住者の配偶者、わが国で出生し引き続き在留している子	5、3、1年、6月
定住者	第三国定住難民、日系3世、中国残留邦人等	5、3、1年、6月または法務大臣が個々に指定する期間（5年を超えない範囲）

入管法上の在留資格ではないが、入管特例法に規定する「特別永住者（旧植民地出身者とその子孫）がある。期間は無期限。

出入国在留管理庁「在留資格一覧表」令和元年11月による

など72職種、コンビニなどの「単純労働」はできない）、「特定活動」の一環、あるいは、身分に基づく在留資格者（日系人や日本人配偶者等）によって行われていました。「いわゆる単純労働」を正面から受け入れる在留資格がなく、資格外活動や技術移転、特定活動というという資格で行われていることから、外国人の「単純労働」政策はフロントドア政策ではなく、バックドア政策、サイドドア政策と呼ばれていました。2019年4月に入管法改定が行われ、「特定技能」が設けられました。深刻な労働力不足に対応するために、設置されたもので、一定の技能及び日本語能力基準を満たしたものに在留を許可するようになりました。建設、造船、農業、産業機械製造業、介護、外食、飲食料品製造業など14分野に認められたものです。政府は2019年度の受け入れ数を約40,000人としていましたが、2019年12月末現在、1621人でほとんどが技能実習生からの移行です。分野別では飲食料品製造業が最も多く全体の34％、国別ではベトナムが901人と最も多く全体の56％になっています。

　5年間で340,000人を目指すという特定技能分野がどうなっていくか、日本が開かれた移民者会へ成熟していけるかどうか、私たちが問われていると言えるでしょう。

9 外国人の権利と「市民権」とは？

　外国人とは日本の国籍をもたないで、日本に住んでいる人です。外国人も日本の住民として「市民権」をもっています。ここでの「市民権」とは、政治共同体における一連の権利義務（たとえば、プライバシーの権利、信教の自由、裁判を受ける権利など）を指します。

　移住者が多くなった21世紀の外国人の権利を考える上では、「国民」（日本国籍をもつ人）と「外国人」（日本国籍をもたない人）という二分法ではなく、「国民」「永住市民」「その他の正規滞在者」「非正規滞在者」という四分法で考える視点が必要になります。

　外国人の権利には3つの段階があります。第1段階では、「正規滞在者」の外国人には、大半の市民的権利と一部の社会的権利（国民健康保険などの社会保障を受ける権利）が認められます。非正規滞在者は、裁判権などの市民的権利は認められますが、社会的権利は制限されます。

　一定の期間の滞在後の第2段階では、正規滞在者は「永住権」を得ることによって、より安定した居住権（無期限に日本に住むことができる）と職業選択の自由、社会的権利（生活保護を含む）が認められます。

　さらに第3段階では、永住市民は「帰化」することによって、国民としての政治的権利（国政の参政権、地方参政権）を含む完全な権利を手にすることができます。

表 9-1　法的地位と諸権利の現状

	外国人						国民
	非正規滞在者	正規滞在者				特別永住者	
		活動に基づく在留資格		身分または地位に基づく在留資格			
		在留期間が3月以下の者	在留期間が3月を超える者	非永住者	永住者		
裁判	訴訟権あり						
退去強制	常に退去強制の可能性あり	定められた活動を行っていれば、退去強制事由に該当しない限り、退去強制されない		退去強制事由に一定の人道的制限が追加されている（特別永住者については、内乱の罪など国家に対する重大な罪にかかわった場合のみ退去強制となる）			退去強制なし
在留期間	なし	各在留資格によって定められた在留期間		無期限			
住民基本台帳への記載	記載されず	「住民」として記載					
国民健康保険	加入資格なし	社保適用事業所で雇用されている者以外は国民健康保険加入資格あり					
生活保護	受給資格なし	受給資格あり（ただし権利ではなく準用扱い）				権利として受給資格あり	
職業選択	不許可	在留資格の範囲内で許可		制限なし			
学齢期のこどもの教育	希望者に対しては1条校への入学を許可（恩恵的措置）						義務教育
参政権	なし						あり

注）仮滞在許可者と一時庇護許可者は、非正規滞在者であるが、住民基本台帳に記載され、国民健康保険の加入資格を有する。

宮島ほか，2014，p.365 より

10
「国籍」はどのように与えられるのですか？

　世界の国々は「国籍法」でその国の構成員であるための資格を定めています。各国の「国籍法」は、その国の歴史、伝統、政治経済情勢等によって異なります。

　世界の国籍法は、「出生地主義」と「血統主義」に分けられます。

　「出生地主義」とは、父母の国籍がどこであろうと、子が生まれた場所の国籍を与える考え方です。アメリカ、カナダ、ブラジル、フィジー、イギリス（条件付き）、オーストラリア（条件付き）など、移民を受け入れ、移民とともに生きてきた国は「出生地主義」をとっています。

　これに対し「血統主義」とは、子の生まれた場所がどこであろうとも、父または母と同じ国籍を与える考え方です。日本、中国、韓国、ドイツ、インドネシアなど、祖先から続いている血のつながりを大切と考える伝統をもつ国は「血統主義」をとっています。「血統主義」には「父母両系血統主義」（日本、中国、韓国、ドイツ、スペインなど）と「父系優先血統主義」（アラブ首長国連邦、イラン、エジプト、インドネシア、台湾など）があります（**表 10-1**）。

　2016年現在、出生地主義をとっている国でも、さまざまな基準が設けられており、その国で出生したからといって、無条件に国籍を与える国は少なくなっています。また、血統主義をとっている国でも、出生地、滞在期間、本人の意思などを考慮し、ある程度柔軟な対応をする国も多いのが現状です。

　血統主義の日本では、日本に在住の外国籍の両親から生まれた子どもは、日本で生まれ育っても、日本国籍を取得することはできません。国籍を取得（帰化）するためには、一定の条件をクリアした上で許可を得

表 10-1　出生地主義の国と血統主義の国

出生地主義をとっている国	血統主義をとっている国	
	父母両系血統主義	父系血統主義
・アメリカ ・カナダ ・ブラジル ・イギリス（条件付き） ・オーストラリア（条件付き） など	・中国 ・韓国 ・日本 ・ドイツ（一部出生地主義） ・スペイン（一部出生地主義）など	・アラブ首長国連邦 ・イラン ・エジプト ・インドネシア ・台湾など

る必要があり、帰化すれば元の国籍を放棄しなければなりません。

2015年現在、日本の国籍法は「日本人」と認める要件を次の3つに定めています。

- 出生による取得
  - 出生時に父または母が日本国民である場合
  - 出生前に死亡した父が死亡のときに日本国民であった場合
  - 日本で生まれ、父母がともに知れないとき、または無国籍の場合
- 認知による取得
  - 父または母が認知した子で、父または母が日本国民であるとき
- 帰化による取得

ドイツは19世紀以来、日本と同じように血統主義で、重国籍を認めていませんでした。しかし、1999年に新国籍法が成立し、一定の条件付きで「出生地主義」を採用し、ドイツ生まれの外国人の子にもドイツ国籍を認めることにしました。ドイツは、これまでの血統共同体から、グローバル時代の21世紀に向けて、ドイツとのつながりを二世代以上もつ者を共同体の仲間とする道を歩み出しました。

このように国籍法は、国によってさまざまです。グローバル化に伴って、各国では議論を行い、時代に合った国籍法への改正、修正が検討されています。

11
帰化とはどのような制度ですか？

　日本人の親から生まれていない人が「日本国籍」を得たい場合には、帰化を申請し、許可されれば、日本国籍を取得することができます。帰化とは、その国の国籍を有しない者（外国人）からの国籍の取得を希望する意思表示に対して、その国の国籍を与える制度です。日本では、帰化の許可は、法務大臣の権限とされています（国籍法第4条）。
　帰化の一般的な条件には、次のようなものがあります（国籍法第5条）。

1　住所条件（国籍法第5条第1項第1号）
　帰化の申請をする時まで、引き続き5年以上日本に住んでいること。
2　能力条件（国籍法第5条第1項第2号）
　年齢が20歳以上であって、本国の法律によっても成人の年齢に達していること。
3　素行条件（国籍法第5条第1項第3号）
　素行が善良であること。素行が善良であるかどうかは、犯罪歴の有無や態様、納税状況や社会への迷惑の有無等を総合的に考慮して、社会通念によって判断される。
4　生計条件（国籍法第5条第1項第4号）
　生活に困るようなことがなく、日本で暮らしていけること。自身に収入がなくても、配偶者やその他の親族の資産又は技能によって生活を送ることができればよい。
5　重国籍防止条件（国籍法第5条第1項第5号）
　無国籍であるか、原則として帰化によってそれまでの国籍を喪失すること。

表 11-1　過去 5 年間の帰化許可申請者数と帰化許可者数の推移

	帰化許可申請者数	帰化許可者数				不許可者数と不許可率
		合計	韓国・朝鮮	中国	その他	
2011年	11,008	10,359	5,656	3,259	1,444	279 (2.53%)
2012年	9,940	10,622	5,581	3,598	1,443	457 (4.60%)
2013年	10,119	8,646	4,331	2,845	1,470	332 (3.28%)
2014年	11,337	9,277	4,744	3,060	1,473	509 (4.47%)
2015年	12,442	9,469	5,247	2,813	1,409	603 (4.85%)

法務省民事局資料による

6　憲法遵守条件（国籍法第5条第1項第6号）

　日本の政府を暴力で破壊することを企てたり、主張するような者でないこと、あるいはそのような団体を結成したり、加入していないこと。

表11-1 は過去5年間の帰化申請者数と許可者数を示したものです。申請者数は2007年から2012年までは毎年平均1200人の減少がみられましたが、2013年からは増加に転じています。不許可者数は増加傾向にあり、不許可率も2015年は5％近くになっています。

　許可者の国籍の過半数は韓国・朝鮮で、3割が中国で占められています。なお、許可者数・不許可者数の合計が申請者数と合わないのは、結果が出るまでに半年から1年程度を要するからです。

コラム ▶ 言葉に紡がれた「多文化共生」❷

「「日本出身」報道に違和感」大島親方

　私は母の影響で小さいころから大相撲が好きでした。日本の国技である大相撲に、ハワイ出身のジェシー高見山が現れたのは中学生のときでしたが、新鮮な驚きでした。1968 年に高見山大五郎が史上初の外国出身幕内力士となってから約半世紀、2016 年の春場所の番付を見てみると、幕内力士 42 人のうち 14 人が外国出身力士で、33％が外国出身力士になっています。外国出身力士の出身国の内訳は、モンゴル 8 人、ブルガリア 1 人、ブラジル 1 人、ロシア 1 人、ジョージア（グルジア）2 人、中国 1 人の 6 か国になっています。

　この 50 年の間に相撲界が外国人にひらかれてきていることは、外国出身力士が伝統を重視する相撲社会と「共生」し自分の資源を最大限に発揮するとともに、相撲界の関係者も外国出身力士と新たな相撲界を作りあげるよう努力してきたことを示しています。実力第一の相撲界は、国籍の壁がない「多文化共生」の社会です。その証左が、2006 年 1 月から 2016 年 1 月までの 10 年間、幕内優勝したのは外国出身力士ばかりで、2016 年 3 月場所の横綱 3 人（日馬富士・白鵬・鶴竜）はすべてモンゴル出身力士という事実に表れています。

　2016 年現在、外国籍のままで横綱になることはできますが、親方になることはできません。伝統の相撲界の指導者となるためには、日本人として生きていくという自覚が必要で、日本国籍を取らなければならないのです。

　モンゴル出身力士として関脇になり、日本国籍を取って親方となった大島勝さん（元関脇・旭天鵬）は、2016 年 1 月場所で琴奨菊が 10 年ぶりに「日本出身」力士として優勝した後、報道が「日本出身」を繰り返したことに対して「日本出身」報道への違和感を語りました（2016 年 3 月 15 日付朝日新聞）。

　大島さんは自らの日本国籍取得にふれ、こう語ります。

国籍を変えるって覚悟がいる。自分の場合、モンゴルで裏切り者って批判も受けました。それでもいいと思っているけど、こういう言葉の使い方をされると、日本人になった自分の優勝が消されている感じで寂しい気持ちになるね。日本人になろうと思ったのは、相撲しか知らなかったから。17歳で日本に来て、引退後のことを考えたとき、相撲以外に頭に浮かんでこなかった。親方になるには日本国籍が必要。だったら取ろうと。

　相撲という勝負の世界に国境はないと言います。
「角界で不祥事があったとき、先頭に立って引っ張ったのは横綱の白鵬関です。その姿を見てお相撲さんのみんなが「頑張ろう」っていう雰囲気になった。日本人とかモンゴル人とか関係なかった。日本人横綱を期待するのはわかりますが、その辺をもう少し配慮した報道だったり応援だったりしたら、やる側は気持ちよくやれるんじゃないかな」という大島さんの発言は、「多文化共生」社会を築いていく上で、言葉への配慮がいかに大切であるかに気づかせてくれます。

12
なぜ「帰化」するのでしょうか？

　「帰化」は、母国の「国籍」を失って日本の「国籍」を得て、「日本人として生きる」という行為です。帰化したい人は、「日本人」になることにメリットがあると考えて帰化を申請します。

　帰化申請者の国を見てみると、韓国・朝鮮、中国が多いことがわかります（第1章11参照）。韓国・朝鮮、中国出身者は、日本人と容姿が似ている人も多いので、帰化して日本の名前に変えた人は、名前からも身体上からも「日本人」と区別がつかない場合が少なくありません。

　私は東京都立川市で多文化共生の活動をしていますが、そこには帰化した中国出身女性Tさん、ニューカマー（戦前・戦中から日本に暮らす外国人すなわち「オールドカマー」に対し、1980年代以降日本に来た定住外国人）の韓国出身男性Jさん、在日コリアン三世Kさんがいます。中国出身女性Tさんは日本名になっているので、名前を見る限り、外国出身であることはわかりません。また、日本に20年以上住んでいて、日本語能力も高いので話していても外国出身だと気づきません。

　中国出身のTさんになぜ帰化したのかを聞くと、「日本が好き。今住んでいる立川が大好き。ふるさとのハルピンも好きだけど、前を向いて生きていきたいし、過去にはこだわらないから、帰化しました。子どもたちは中国語を話さないし、帰化したほうが有利だから家族全員で帰化しました」とさわやかに話してくれました。

　もう一人の帰化したニューカマーの韓国出身男性Jさんは、立川で造園業を営んでいます。帰化後も名前は変えていません。韓国人である両親や奥さんは帰化に反対したと言います。Jさんは、「日本人のお客さんや日本人に造園作業で道を汚したりすると「韓国人だからゴミを出

す」と言われる。日本に帰化すれば「同じ日本人でしょ」と言えて、同じ「日本人」という仲間になれると思って帰化した」そうです。「でも帰化しても変わらなかった。韓国人でも日本人でもなくなってしまった。でも、そんなこと言っていられない。自分から日本人に近づいて、造園業をがんばっていきたい」と元気に語ってくれました。

　日本で生まれ育った在日コリアン三世のKさんは帰化しないで在日コリアン三世として生きるという選択をして生きています。「帰化しても「韓国人でしょ」と言われる。それなら、韓国人として日本人とともに「多文化共生」を実践することをライフワークとして生きていきたい」と強い信念を語ってくれました。

　私がNPO法人たちかわ多文化共生センター（第4章2参照）と出会い、これらの外国とつながる人とともに地域の多文化共生の活動を始めて10年になりました。多様な文化的背景をもつ人とともに活動することで視野が広がり、こころの壁が取り除かれ、生活が豊饒化していくと感じています。

13
「永住」と「帰化」はどうちがいますか？

　「永住」は、日本人になる「帰化」とちがって、「外国人」として、在留期間の制限なく日本に住むことができる身分資格です。永住者は活動に制限がないので、どのような職業に就くこともできます。
　法務省入国管理局が公表している永住許可の審査基準は次の3つです。

1. 素行が善良であること
2. 独立の生計を営むに足りる資産または技能を有すること
3. その者の永住が日本国の利益に合すると認められること
　　ア　原則として引き続き10年以上日本に滞在していること。ただし、この期間のうち、就労資格または居住資格をもって引き続き5年以上在留していることを要する
　　イ　罰金刑や懲役刑などを受けていないこと。納税義務等公的義務を履行していること
　　ウ　現に有している在留資格について入管法に規定している最長の在留期間をもって在留していること
　　エ　公衆衛生上の観点から有害となる恐れがないこと

（注）日本人、永住者または特別永住者の配偶者または子の場合は1，2に適合することを要しない。難民の認定を受けている者の場合には2に適合することを要しない。

　帰化の申請には5年以上の居住が条件ですが、永住を申請するには原則として日本に10年以上住んでいることが条件です。これは、もともと帰化申請は申請者のほとんどが「日本で生まれ育った」特別永住者

表13-1　永住者の上位10か国（2015年6月）

中国	219,557人
ブラジル	109,642人
韓国・朝鮮	66,291人
ペルー	33,536人
台湾	19,683人
タイ	18,541人
アメリカ	15,758人
ベトナム	13,213人
イギリス	5,086人
カナダ	3,047人

法務省統計局による

だったので、本人の決心さえあれば、定着性が問題になることはなかったのに対し、永住申請においては本当に日本にこの先もずっと住みつづける決意があるのかという定着性が重要視されることによります。ただし、現在では中国人にも帰化申請をする人が多くなってきて、帰化の場合にも定着性が重視されるようになってきています。

2015年6月末現在、永住者は68万6502人で在留外国人全体の31.7%を占めています。内訳はアジアが49万814人（71.5%）、南米15万352人（21.9%）、北米2万208人（2.9%）、ヨーロッパ1万9012人（2.7%）、アフリカ4435人（0.6%）、オセアニア3409人（0.4%）となっています。

永住者の上位10か国・地域は**表13-1**の通りです。

「帰化」する人は中国、韓国・朝鮮出身が多いですが、「永住」する人はこれに加えて「日系人」が多くなっています。「定住」（5年が上限）という身分資格が得られる「日系三世」は、デカセギ目的で来日する場合が多いですが、日本で地域に受け入れられ、家族を創り、日本で永住者として日本人とともに生きていこうと考えを変える人もいます。

14
在日韓国・朝鮮人とは？

　1945年8月15日の敗戦時、日本の植民地であった朝鮮半島から日本へ来て日本で生活している朝鮮人は約230万人いました。当時の朝鮮の人口の1割です。日本による植民地支配の下で、祖国で生活ができなくなった貧しい人で、ほとんどが半島南部（現在の韓国）出身の人たちでした。彼／彼女たちは、日本に来る前には帝国臣民として出身地で戸籍に入っていました。このうち敗戦の翌年までに、4分の3の人が本国に帰っていきました。しかし、国に帰っても住む家もなければ耕す田畑もない人、日本ですでに生活の基盤を築いている人などは、日本に残留することになりました。日本に残留したのは約65万人だと言われています（大沼保昭，1993）。

　1952年サンフランシスコ平和条約により、日本は主権を回復しました。そのとき、日本政府は、「平和条約発効を機に、旧植民地出身者は「日本国籍」を喪失し、したがって「外国人」になった」としました。それまで帝国臣民として日本に住んでいた人が突然「外国人」となったのです。この決定は、法務省の民事局長通達によって示されました。

　その骨子は、以下のとおりです。

(1) 朝鮮人および台湾人は内地（日本）に在住する者も含めてすべて日本国籍を喪失する。
(2) もと朝鮮人または台湾人であった者でも、条約発効前に身分行為（婚姻、養子縁組など）により内地の戸籍に入った者は引き続き日本国籍を有する。
(3) 朝鮮人および台湾人が日本の国籍を取得するには、一般の外国人

と同様に、帰化の手続きによること。

　これにより日本政府は「帝国臣民」であった彼／彼女たちを「外国人」にしました。国籍選択の自由は与えられませんでした。日本国民でなくなったことにより、彼／彼女たちは、さまざまな〈排除〉や〈差別〉の対象となりました。日本国内法が定める諸権利から「国籍条項」によって「外国人」を排除することが可能になりました。また「外国人登録法」と「出入国管理令」で、「外国人」には指紋押捺制度を設け、退去強制できるという〈差別〉が生まれました。

　戦前・戦中から日本に居住している外国人を、1980年代以降増加した外国人ニューカマーと区別して、オールドカマーと呼びます。オールドカマーのなかでも在日韓国・朝鮮人の歴史は、日本社会から〈排除〉〈差別〉されていた彼／彼女たちが、〈人権〉侵害と戦い、人権を回復していく歴史としてとらえることができます。

コラム ▶ 言葉に紡がれた「多文化共生」❸

『在日』姜尚中

　幼少年期を通名「永野鉄男(ながのてつお)」として過ごした一人の「在日」青年は、「祖国」の地を踏んだ後、通名を捨て、「姜尚中(カンサンジュン)」を名乗ることを決意します。そして、姜尚中は「在日」として初めて東京大学の教授になりました。彼は半生をつづった著書『在日』(集英社文庫)のなかで、「在日」がどう感じ、どう生きてきたのかについて、率直に語っています。『在日』の冒頭には、戦後、朝鮮・韓国人が「日本国籍」を剥奪され、「在日」として身を隠して生きなければならなかったことが語られています。

『在日』集英社文庫、2008

　「在日」は、日本人からの偏見、差別意識にさらされるなかで、肩を寄せ合ってその日を生きる生活を強いられていました。

　　当時の占領下にあった日本の中で、「在日」はヤミ商売や犯罪的な行為によって日本の経済を撹乱し、公序良俗を毀損する「第三国人」とみなされていた。日本の経済、社会、文化に対する「在日」の貢献などほとんど顧みられることさえなかったのである。(中略)集落の在日韓国・朝鮮人たちは、もっぱら養豚やヤミのどぶろく作りで生計を立てていた。(『在日』集英社文庫、pp.26-27)

　韓国南部の貧しい農民の長男だった父親は1931年、15歳で着の身着のまま日本にやってきました。彼と同様に多くの「在日一世」は戦争に巻き込まれ、貧しさに押されるように、宗主国日本にたどり着いたといいます。

　日本の敗戦の前年までには、半島の全人口の約20パーセントが、生まれ故郷ではないどこかの地域に住むことになったのである。その

大半は、15歳から40歳の働き盛りの年齢であった。じつに成人人口の40パーセントが生まれ故郷を離れた状況にあった（同 pp.29-30）

「在日」はどこでも「底辺」の生活を強いられました。しかしその「底辺」の生活が、一方で、「在日」の必死に生きるエネルギーにつながっていったことも事実でした。

　廃品回収の看板をかかげた我が家には、じつにいろいろな人生の背景をもった人びとが出入りし、今にして思えば、人間の悲喜劇を見るような感じだった。社会の底辺に追いやられながらも、日々の糧を必死に求める人びとの息づかいがわたしにも痛いほどわかるような気がした。（同 p.41）

そのエネルギーが形となり、通名で身を隠して生きていた「永野鉄男」は通名を捨て、「在日、姜尚中」として生きることを決意したのでした。

　自分の内面世界に封じ込めてきた「在日」や「祖国」の問題が、俄然、歴史と社会の広大な広がりの中に移し換えられ、外の世界への積極的な働きかけのきっかけをつかんだように思えた。わたしはより外発的になり、本来わたしの中に備わっていた磊落さが同じ境遇の仲間の前で外連味なく表現されるような快感を味わっていた。それは、もうひとりの自分を再発見した歓びだった。そうだ、もうひとりの自分、「姜尚中」になるんだ。そう思ったとき、わたしは「永野鉄男」を捨てて「姜尚中」になることにしたのである（同 p.91）

15
在日韓国・朝鮮人への民族差別と差別解消への取り組み

　戦前は参政権もあった旧植民地出身者である在日韓国・朝鮮人（以下、在日コリアン）は、1952年以降「外国人」とされました。そして、「国籍条項」の壁に阻まれ社会保障は与えられず、外国人登録令で治安管理の対象とされ、外国人登録証明書の常時携帯の義務と、3年に1回登録書を書き換える際に指紋押捺の義務を課されました。

　さらに日本人は在日コリアンとの間に「こころの壁」をつくり、偏見に満ちた民族差別を行いました。就職差別を受け、定職に就ける者はほとんどなく、1952年の統計では61％が無職、有職者のうち最大を占めたのが日雇い労働者（6.6％）、そのほか、屑屋（廃品回収業）・ホルモン屋・露天商・行商・どぶろく製造業・パチンコ屋などでした（歴史教科書在日コリアンの歴史作成委員会編, 2013）。また、住居面でも「差別」され、河川敷・道路・公園・駅裏の空き地などにバラック小屋をたてて住む生活を余儀なくされました。

　1965年、日本政府は大韓民国政府と「日韓基本条約」を結び、韓国出身の希望者（親子二世代まで）に協定永住権を与えました。その26年後、1991年日韓覚書で、「旧植民地出身者およびその子孫は出身地（南北朝鮮、台湾）、世代（一世、二世、三世）のいかんを問わず、「特別永住者」として認められる」ようになりました。2015年12月現在、特別永住者は約34万8000人います。

❖ **就職差別への取り組み——朴鍾碩（パクジョンソク）さん**

　1970年、朴鍾碩さんは「在日であることを理由に就職の内定を取り消された」として日立製作所（ソフトウェア戸塚工場）を相手に横浜地

裁に提訴しました。在日コリアンと日本人有識者・学生らが「朴君を囲む会」をつくり、支援を行います。裁判の過程で、在日コリアンの歴史、就職差別の実態が証言され、横浜地裁は「国籍による差別」と認定します。

朴さんの行動は在日コリアンに「就職差別」への意識をたかめ、1970年代以降、各地で就職差別撤廃運動の取り組みが拡がっていきました。

❖国籍条項の壁への取り組み──金敬得さん

1976年、金敬得さんは司法試験を受験し合格しました。しかし、最高裁判所は司法研修所への入所の要件として日本国籍の取得を提示します。金さんは韓国籍のままでの入所を願い、1977年、最高裁判所は外国籍者に司法修習を認めることになります。金さんの行動が外国籍弁護士の道をひらきました。

金敬得さんが提出した嘆願書です。

「私は幼児より、朝鮮人として生まれたことを恨みに思い、自己自身から一切の朝鮮人的なるものを排除することに努めてきました。小・中・高・大と年をとるにつれ、日本人らしくふるまうことが習性になっていました。しかし日本人からの差別を逃れるために日本人を装うことは非常に苦痛を伴うものでした。私は、大学卒業が近づくにつれ、朝鮮人であることを見透かされないかと気を配り、小心翼々と生きていくことの惨めさに耐え切れなくなりました。日本人を装うために労力を費やすことのばかばかしさを、痛感することになったのです。

考えてみれば、労力を費やすべきは差別をなくすことに対してであって、日本人を装うことに対してではなかったのであります。私はそのことに思い至ったのです」(歴史教科書在日コリアンの歴史作成委員会編, 2013, p.105)

❖さまざまな分野で国籍条項の撤廃

日本は1979年に国際人権規約、1981年に難民条約を批准することによって、国際基準を遵守しなければならなくなり、国籍による差別は解消されていきます。地方自治体の公務員・教員採用や住宅金融公庫・住

宅公団、国民年金、児童扶養手当などの国籍条項が撤廃され、門戸が開かれていきました。

現在、国籍条項が残るのは、政治的権利（国政選挙・地方選挙）、公務就任権の一部です。公務就任権で国籍条項を明記しているのは外務公務員法などで、課長など「国家意思の決定にかかわるもの」については、「公務員に関する当然の法理として、公権力の行使または国家意思の形成への参画に携わる者については日本国籍を有すべき」とされています。

❖指紋押捺反対の取り組み

在日コリアンは、外国人登録法（当時）で指紋押捺と外国人登録証明書の常時携帯の義務が課されていました。1980年代には指紋押捺制度が民族差別であるという意識が高まり、在日コリアン二世・三世と彼／彼女たちを中心にそれを支える市民グループによって、指紋押捺拒否闘争がひろがっていきます。1985年には拒否・保留者が1万人を超え、1993年には改正外国人登録法が施行され、特別永住者の指紋押捺制度は廃止となります。2000年にはすべての指紋押捺制度は廃止となりました。

❖こころの壁を撤廃し共生を

1995年8月15日の50回目の終戦記念日に村山富市首相（当時）は、「植民地支配と侵略によってアジア諸国の人びとに多大の被害と苦痛を与えました（中略）この歴史の事実を謙虚に受け止め、痛切な反省の意を表し心からのおわびの気持ちを表明します」と過去の植民地支配と侵略の事実を認めた上で、日本が国際社会の一員として共生の道を歩んでいくことを表明しました。1998年、韓国政府は日本文化の開放を認め、2002年にはワールドカップの韓国・日本共同開催が実現しました。

私たち日本人は、在日コリアンに対して行ってきた「差別」と「排除」の歴史を知り、私たちのなかにあるこころの壁を自覚した上で、共生への道をともに歩んでいかなければなりません。

16 インドシナ難民とは？

　ベトナム戦争末期の 1975 年 4 月 30 日、南ベトナムのサイゴン市（現ホーチミン市）が陥落し、南北ベトナムが統一されます。そして社会主義となったベトナム・ラオス・カンボジアから、迫害を逃れて「難民」が大量に流出することになります。海路から避難してきたボートピープルは日本にも到着しました。同年 5 月、米国船に救助されたベトナムからの難民 9 人が千葉県に上陸します。1979 年に 39 万人に達したインドシナ難民にどう対応するかは、国際社会の大きな課題になりました。

　ベトナム難民が発生した 1975 年、主要先進国首脳会議（サミット）が開かれ、日本はベトナムから近い先進国として国際社会から対応を迫られ、一時滞在を認めるだけでなく定住を求められるようになります。アメリカからの強い働きかけのもと、1978 年、福田赳夫首相（当時）は、訪米直前に人道的な見地から「定住許可」の方針を出します。

　定住促進のため、1979 年に、日本語教育、職業紹介、職業訓練を行うために姫路定住促進センター（兵庫県姫路市）、大和定住促進センター（神奈川県大和市）、国際救援センター（東京都品川区）が設置され、難民の生活支援が始まります。定住促進センターでは、市民を中心に「難

表 16-1　日本のインドシナ難民の受け入れの歴史

1975 年	ベトナム戦争の終結。日本にボートピープル初上陸
1978 年	閣議了解で一時滞在のベトナム難民 3 人に初の定住許可
1979 年	定住促進センター開所
1982 年	難民条約発効（1951 年国連採択、1981 年批准）
2005 年	インドシナ難民受け入れ終了

表16-2 定住したインドシナ難民の数

出身国	定住者	日本国籍取得者
ベトナム	8,656人	908人
カンボジア	1,357人	321人
ラオス	1,306人	178人
計	11,319人	1,407人

定住者数は受け入れが終了した2005年末現在、法務省調べ。日本国籍取得者数は2014年3月末現在、難民事業本部調べ。

朝日新聞2016年1月24日付による

民」とどうやって共生していくかの取り組みが始まりました。また、日本政府は、外国人にひらかれていなかった社会的権利への対応も迫られることになりました。

　難民一世は、定住促進センターで日本語教育と生活ガイダンスを3か月ずつ受け、仕事を得て自立していきました。難民一世は、戦時の記憶、餓死寸前の漂流生活などで心身ともに疲弊しきって日本に着いた上に、日本で言語や文化のちがい、「差別」「排除」に直面することになり、こころを病む人も多かったといいます。しかし、難民二世になると、日本社会の受け入れも進み、日本社会に溶け込み、日本国籍を取得する人も出てきました。

　3つのセンターでの受け入れは1978年から2005年まで27年間続き、総受入数は1万1319人（外務省の統計）と報告されています。

17
難民の受け入れの現状は？

　日本は1979年にインドシナ難民を受け入れるようになって、難民問題に関する議論が急速に高まり、1981年難民条約（1951年国連採択）を批准し、1982年に発効しました。

　難民条約第1条で、難民は次のように定義されています。「難民とは人種、宗教、国籍若しくは特定の社会的集団の構成員であること又は政治的意見を理由に迫害を受けるおそれがあるという十分に理由のある恐怖を有するために、国籍国の外にいる者であって、その国籍国の保護を受けられないもの又はそのような恐怖を有するためにその国籍国の保護を受けることを望まないもの」。難民条約に定義された難民の要件に該当すると判断された人を「条約難民」と呼びます。インドシナ難民（第1章16参照）は人道的配慮から受け入れられた人であり、審査して受け入れられた「条約難民」ではありません。

　「第三国定住難民」とは、難民キャンプ等で一時的な庇護を受けた難民を、当初庇護を求めた国から新たに受け入れに合意した第三国で庇護あるいは長期的に滞在する権利を与えられた難民です。これも「条約難民」ではなく、人道的な見地から定住が認められるものです。日本は「第三国定住難民」として2009年から、タイの難民キャンプに滞在するミャンマー難民の受け入れを行っています。2014年までに86人を受け入れました。

　日本は、難民条約への加入にあたり、出入国管理令を改正し、新たに難民認定制度を導入し「出入国管理及び難民認定法（入管法）」としました。また、難民条約に定められた難民に対する各種の保護措置を確保するために、社会保障関係法令（国民年金法、児童扶養手当法等）から国籍

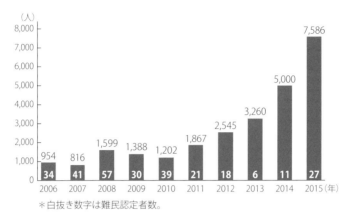

図 17-1　難民認定申請者数・認定数の推移
法務省「平成 27 年における難民認定者数について（速報値）」による

要件を撤廃しました。外国人への社会的権利が整備され、初等教育、国民年金、児童扶養手当、健康保険に加入できるようになりました。また、難民と認定されると、日本語学習や職業訓練など、日本社会に統合するための支援が受けられます。

　法務省によると、2015 年の難民認定申請者数は 7586 人で 2014 年に比べ、2586 人増加し、過去最多でした。このうち難民認定者数（条約難民）は 27 人です。

　難民申請者数を国籍別に見てみると、アジアが 8 割で、ネパールが最多の 1768 人、インドネシア、トルコ、ミャンマー、ベトナム、スリランカ、と続いています。現在、中東・欧州での難民が急増しているシリアの申請者は 5 人です。認定者の主な国籍は、アフガニスタン 6 人、シリア 3 人、エチオピア 3 人、スリランカ 3 人、エリトリア 2 人、ネパール 2 人です。難民とは認定されなかったものの、人道的配慮で滞在を認められた人は 79 人です。

　日本は申請が増える一方で認定が少ないことが国際社会から批判されています。たとえば、ドイツは 3 万 3310 人、アメリカは 2 万 1760 人を受け入れています（2014 年）。また、審査に時間がかかること、その間

のセーフティネットがないことも課題だとされています。

　日本で生きる難民は、日本社会に貢献したい、地域社会とつながっていきたいという希望をもっています。母国に帰れないからこそ、日本社会の一員として共生して生きていこうとしています。私たちは、難民は多様な経験をもつ資源であることを認識し、難民についての正しい知識をもち、彼／彼女たちと共生社会を築いていかなければなりません。異なるものにも寛容であって初めて、人は幸せに生きていくことができることを歴史は教えています。

18
中国残留日本人とは？

　中国残留日本人とは、1945年の敗戦以後も中国東北地区（旧「満州」）に残り、1958年7月の集団引き揚げの打ち切りにより、1972年の日中国交正常化後まで帰国できなかった1万人あまりの日本人を言います。敗戦時に日本人の両親と生死別した当時13歳未満の者で、自らの身元や状況もわからず中国に残留した者が「中国残留孤児」とされ、敗戦時に家族と生死別し、中国に留まった13歳以上の女性が「中国残留婦人」とされます。

　満州国建国の1932年から45年までに、約27万人の満州農業移民が日本から満州に渡りました。1945年8月9日にソ連軍が参戦し満州国に侵攻すると、満州農業移民の多くは集団自決したり、入植地を離れ都市を目指して逃亡します。そのなかで、入植地で死線をさまよい、生きのびるために、中国人と結婚するか、中国人の家庭に預けられていった人がいます。彼／彼女たちは、中国人の家庭に入ったことで日本への引き揚げの機会は失われ、中国残留日本人となりました。過酷な彼／彼女たちの生活は、山崎豊子の大河小説『大地の子』で知ることができます（コラム4参照）。

　1972年、日本と中国の国交が回復しました（日中国交正常化）。日中国交正常化によって、それまで見過ごされていた中国残留日本人の人権が意識化されるようになりました。政府に先駆けて「日中友好手をつなぐ会」が身元不明孤児の調査に乗り出します。このことが新聞報道され、民間での肉親捜しが本格化します。

　中国残留日本人の帰国のピークは1990年代でした。90年代に2783人（残留孤児1129人、残留婦人1654人）が永住帰国しました。日中国交正

常化から 2014 年までに 6706 人（残留孤児 2555 人、残留婦人 4151 人）、同伴家族を含めると 2 万 879 人が永住帰国しました。さらに自費帰国者、呼び寄せ家族、二世・三世を含めると 10 万人になると言われています。

　永住帰国した中国残留日本人を「中国帰国者」と言います。敗戦時に幼く日本語ができなかった中国帰国者一世は、母国にあこがれて日本に帰国したものの、「ことばの壁」に阻まれ仕事につけず、「排除」と「差別」を受け、日本社会から孤立していきます。

　中国帰国者二世・三世は、日本語の習得の困難や学校・職場でのいじめ、自分は中国人か日本人かというアイデンティティの葛藤で悩んでいると報告されています（たとえば、島崎美穂, 2013）。

　戦争の犠牲になった彼／彼女たちの経験に寄り添い、日本に帰国した彼／彼女たちが幸せと感じられる社会を、彼／彼女たちとともに創っていくことこそが、21 世紀を生きる私たちに求められています。

コラム ▶ 言葉に紡がれた「多文化共生」 ❹

『大地の子』山崎豊子

　私が中国残留孤児について知ったのは、山崎豊子の大河小説『大地の子』（一〜四巻、文春文庫）を通してでした。『大地の子』は1995年、NHK放送70周年を記念して日中の共同制作でドラマ化されテレビで放映され、大きな反響を呼びました。

　文庫版の解説には「日本人の中国残留孤児（陸一心）を主人公に、その迫害と苦闘の歩みをたどり、日中戦争、文化大革命、日中国交の正常化、日中共同の製鉄所建設プロジェクト、中国共産党上層部の政権構想などといった、戦中から戦後、そして現在に至るまでの流動の波に翻弄される人びとの運命をも描き出した大河小説」と書かれています。

『大地の子』一巻、文春文庫、1994

　山崎豊子は「あとがき」で、中国での取材が可能になった経緯について説明しています。

　秘密主義、閉鎖国家の中国の国家機関および外国人未開放地区の農村、労働改造所などの取材が可能になったのは、故・胡耀邦総書記の日本の一作家に対する理解と英断があったからだと言います。山崎豊子は1984年から取材を始めましたが、取材の壁は高く険しく、やむなく撤退の決意をしたとき、胡耀邦総書記との会見が実現したそうです。山崎豊子が胡総書記に取材の経緯を話すと、「それが我が国の官僚主義の欠点だ、必ず改めさせるから十年がかりででも書くべきだ、中国を美しく書かなくて結構、中国の欠点も暗い影も書いてよろしい、それが真実であるならば、真実の中日友好になる」と励まされ、取材協力の約束をしたと言います。その翌年から、会う必要なしと拒否していた国家機関の取材も、アメリカの司法視察団の見学を拒否した労働教養管理所、労働改造所の取材も許可されます。その上、戦争孤児と養父母の家への直接訪問と農村でのホームステイも許されます。しかし1989年4月、胡耀邦氏の急逝後は、取材の門は再

び固く閉ざされてしまいます。

『大地の子』は、中国残留孤児の歴史的真実を知る作品であるとともに、人の生き方、家族とは何かについて考えさせてくれるすばらしい作品です。

人間の精神性の発達を社会とのかかわりで深く洞察した社会心理学者エリクソン（1902-1994）は、人間の精神性の発達を8段階に分けました（エリクソンほか, 1989）。それによると第1段階は乳児期で親に抱かれて育てられることにより、人は自分を取り囲む社会に対する「基本的信頼」を獲得します。戦争で突然、親と引き裂かれた陸一心は自分を取り囲む社会に対する「基本的信頼」を剥ぎ取られ、「基本的不信」状態になります。陸一心は彼を懸命に育てようとする中国人養親の陸徳志を父として信頼することができません。陸一心には「本当の親」を感じられないからです。

いつも「本当の親」でありたいと願い、どうしたら陸一心にそれが通じるかと考え続けていた陸徳志に、「本当の親」であることを陸一心に示す機会が与えられます。

養親・陸徳志は、「「陸一心」が本当にあなたの子か」と疑う兵隊に対して、「あの子は、たった一人の息子です、十歳の子供が、あの地獄の中を生き抜いたのです。どうか生かしてやってください。その代わりに私があの柵の中へ戻ります」と言います。あの柵の中に戻るということは餓死することを意味しています。兵隊はこの言葉に本物の親の愛情を感じて、陸一心と陸徳志を柵の外へ押し出します。その瞬間、陸一心は狂ったように「バーバ！　バーバ！」と声をあげ、陸徳志の首にしがみつき、体をよじって泣きます。これまでどのような情況の中でも口にしなかった「バーバ」（おとうさん）という言葉がはじめて陸一心の口をついて出ました。こどもは「本当の親」を感じたとき、自分を取り巻く世界を信頼できるようになるのです。

その後、陸一心は陸徳志の子として育ち、責任感の強い立派な青年になります。そして、運命は、40歳で陸一心と生みの親である松本耕次との出会いをもたらします。日中共同の製鉄所建設プロジェクトを通してでした。

エリクソンによれば40歳は青年期で獲得したアイデンティティをもと

にして、自分の家族を築き「生産性」を獲得する時期です。陸一心も中国人の妻とこどもと家族を築いています。生みの親である松本耕次は、日本で一人で暮らしていました。松本耕次は陸一心に「日本で生活しないか」と誘います。この誘いは陸一心の中国人としてのアイデンティティを試される体験でした。陸一心は長江の流れの中で自然に抱かれ、自分のアイデンティティが中国人であること、自分の家族が中国人の家族であることをはっきりと自覚し、中国人として、すなわち、「大地の子」として中国の家族とともに生きて行くことを生みの親につげます。

　「私は、この大地の子です」峡谷の江面と巌に、一心の声がこだまするように響いた。大地の子——、それは日本の父に対する惜別であり、自分自身の運命に対する無限の呼びかけに他ならない。松本は発する言葉もなく、河岸に眼を向けた。四十年間、この大地に育ち、生きてきた息子とは、もはや埋めようもない隔たりがあることを思い知った。(『大地の子』完、第四巻、文春文庫、p.237)

　人は幼年期に与えられた家族によって「基本的信頼」を獲得し、青年期にアイデンティティを確立し、今度は自分で選んだ「家族」とともに生きて行くことによって、人生を生き切ることができることを『大地の子』は教えてくれています。

19
1990年代に日系南米人はなぜ増えたのですか？

　バブル景気の最中にあった1980年代の後半、下請け工場などの労働力（非熟練労働）不足が深刻化し、「外国人労働者」の受け入れの是非が議論されました。その結果、1989年12月に出入国管理及び難民認定法（以下、入管法）が改正され、1990年6月1日から新入管法が施行されます。主な改正点は、在留資格を28種に拡充し、より広く外国人を受け入れることにした点です。日系人に対して新たに「定住者」という身分資格が認められ、南米系日系人が「定住者」として入国することが可能になりました。従来通り「非熟練労働」という在留資格を認めたわけではありませんが、「定住者」には就労についての制限が設けられませんでした。

　この入管法改正により、1990年代には、ブラジル人、ペルー人といった南米からの日系人が急増します。「定住者」として入国する日系人（日本人親から生まれた二世、三世）は、非熟練労働にも就けるようになりました。これ以後、日本は、非熟練労働の外国人を表向きは受け入れる在留資格はもたないものの、別の資格（定住者、留学生の資格外活動、特定活動）で受け入れる政策をとっているとして、国際社会から「サイドドア・バックドアからの受け入れ」と言われ、批判されることになります。

　定住者として来日した日系ブラジル人、日系ペルー人は、自動車関連企業が集中している愛知県、静岡県、神奈川県、群馬県などに集住しました。愛知にはトヨタが、静岡にはスズキ、ホンダ、ヤマハが、神奈川には日産自動車、いすゞが、群馬にはスバルの富士重工業があります。そして、日系人は自動車産業の下請け、孫請けの会社に非正規社員、派遣社員として吸収されていきます。これらの集住地域では、ブラジル人

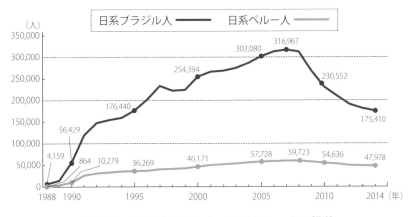

図 19-1　日系ブラジル人・日系ペルー人の推移
法務省在留外国人統計による

のためのスーパーマーケットや、子どもの教育のためにブラジル人学校が作られるなどの国際化対応が始まります。日系人の在留数のピークは2007年で約38万人にのぼり、児童生徒数は約1万人、大小100のブラジル人学校があったと言われています。

2008年秋のリーマンショックによる経済不況により、真っ先に解雇されたのは日系人でした。日本政府は「帰国支援金」(1人30万円、扶養家族は1人20万円)を支給することにし(2010年3月終了)、ブラジル人2万53人、ペルー人903人などが帰国しました。

2000年代後半の不況により、日系ブラジルおよびペルー人などが帰国しなければならなかったのは、定住者を安い労働力としか考えず、定住者のために日本語教育をはじめとする社会統合政策を行ってこなかった日本の受け入れ政策に問題がありました。一方、日本に残った日系人はリーマンショックを経験し、日本語ができなければ日本社会に統合されないという危機感をもつようになりました。そして「デカセギ」の姿勢ではなく、日本語を身につけ、日本に根づき日本人とともに生きていこうと考え、日本人住民だけで行っていた団地のパトロールなどの地域

活動にも参加するようになりました。また地域自治体は、日本語ができない日系人向けに日本語教室を開設するようになりました。

　不況での派遣切りという試練を契機として、地域の日本人と日系人の共生への本格的取り組みが始まっていったのです。

20
かつて日本は移民の送り出し国だった？
—— ブラジル移民

　ブラジルは1500年にポルトガルによって「発見」され、1822年に独立するまで300年以上、ポルトガルの植民地でした。ブラジルではサトウキビやコーヒーの栽培など労働集約型産業が発達し、優秀な労働力を必要としていました。1851年のドイツ移民を嚆矢としてヨーロッパから移民を導入し、次いでアジアからの移民導入が検討されました。

　1895年、日本とブラジルの間に国交が成立し、日本から移民を受け入れる道が開かれました。日本は当時、富国強兵を進めていましたが、貧しく、すべての人口（約5000万人）を養うのに足る経済力がありませんでした。そこで政府は海外移住を奨励し、ハワイ、アメリカに次いでブラジルをはじめとする南米の国々が移住先となりました。

　日本人移民が初めてブラジルの土を踏んだのは、1908（明治41）年6月18日、移民船笠戸丸に乗った791人がサントス湾に着いたときです。その後、1945年までに約19万人、戦後の混乱期に約6万人、計25万人が移住し、現在、一世から六世まで約150万人を超える日系人が住んでいると言われています。これに非日系人と結婚した日系人の子孫を加えると300万人を超えるのではないかとも言われています。約25万人の日本移民は時代の波にもまれながらも努力と献身を重ね、いまや約6倍の数の日系人が多文化の地ブラジルで、農業分野を初め、政治、経済、商業などの多様な分野で市民として共生して生きています。

　移民の歴史は3つの段階に分けられます。第1段階は1908年から戦争が終わる1945年までです。1928年には神戸に移民収容所が開所され、ブラジル移住予定者は、渡航まで収容所で、ポルトガル語やブラジル事

情の教育を受け、毎年2万人を超える移住が行われました。家族単位の移住が基本でした。1935年以降、日本移民の入国枠は年間2500人台に縮小され、現地での日本語教育も禁止されました。

　作家の石川達三は1930年、ラプラタ丸でブラジルに渡り、サント・アントニオ耕地での4か月間の体験をもとに、帰国後『蒼氓(そうぼう)』を書きました（コラム5参照）。石川達三は、『蒼氓』で、大金をふところに一日も早く帰国したいというデカセギ目的でブラジルに行った移民たちが、ことばや習慣のちがい、慣れない食事、暑い気候、監視付きのきつい労働など初めての経験に戸惑いながらもブラジルの地で共生して生きていく様子を描いています。

　第2段階は、戦後の移住です。戦後の移住はサンフランシスコ平和条約（1952年）とともに再開され、政府は移住を奨励しましたが、1950年代をピークに減少し、1973年に移民船ぶらじる丸が245名の日本人移民をブラジルに運んだのを最後に、政府主導型の組織的移住は終了することになります。

　第3段階は、1980年代後半以降、日系ブラジル人が逆に日本に「デカセギ」に来るようになった段階です。初めは一世でしたが、1990年の入管法の改正後は、二、三世やその配偶者が急増し、その数は2007年のピーク時には約30万人にのぼり、戦前からブラジルに渡った日本移民の総数約25万人を超えました。

　日系二、三世は、かつて日本からブラジルに渡った父母、祖父母たちの苦労を追体験しています。そして追体験の過程をとおして、日本の文化を知り、多文化共生の大切さに気づいていくと言います。彼／彼女たちは日本における大切な資源です。彼／彼女たちとともに、多文化共生社会を作っていきましょう。

コラム▶ 言葉に紡がれた「多文化共生」❺

『蒼氓(そうぼう)』石川達三

1930年4月30日、ラプラタ丸でブラジルへの単独移民としてサントスに着いた作家・石川達三は、サント・アントニオ耕地で4か月生活し、その体験をもとにブラジル移民を描いた『蒼氓』を書きます。『蒼氓』は第1回芥川賞（1935年）を受賞しました。『蒼氓』は、第一部「蒼氓」、第二部「南海航路」、第三部「声無き民」からなっています。芥川賞を受賞したのは第一部「蒼氓」で、1930年、神戸の国立移民収容所に全国から集まってきたブラジル行きの移民たちの、船に乗るまでの8日間の様子が描かれています。第二部「南海航路」は船内における45日間の出来事、第三部「声無き民」はブラジルへ着いてから入植するまでの数日間を描いています。

『蒼氓』新潮文庫、1951

ここでは第三部「声無き民」から引き、当時のブラジル移民の想いをたどります。

移民はまず、ブラジルのゆたかな自然に慰めを見出します。

　水を提げて戻ってくると、ブラジルでの生活がはじまったことが考えられた。やって行けそうであった。ともかくも何とかなるであろう。楽しみがどこにあるのかはわからないが、ゆたかな自然のうちにひたって、山水を汲み木の実をもぎ、野生の南瓜をとり、裸足で歩きまわりながら、人間の生活はここでもやっていけそうに思われた。真鍋や米良の明るいのどかな顔色のなかには、何か慰められるものが感じられた。（『蒼氓』新潮文庫、p.246）

次に、移民は、それまでの環境に適応した精神(こころ)と身体(からだ)から、新しい環境に適応した精神と身体に変容させることの大切さに気づいていきます。

ここへ来たら先ず日本流のことは忘れるんだね。醤油がほしいとか餅が食べたいとかいう気にならんほうがいいね。そんな事をしているといつまでも腰がおちつかなくて駄目だ。(同 p.247)

「そうだ、成功しようと思って来るとブラジルは地獄だ」と米良さんが独りごとのように言った。黒人とまちがうほど日にやけた顔には案外やさしい微笑がたたえられていて、新移民をいたわってくれるようであった。
「しかしただ食って行けさえすればいいという者には極楽だね。丈夫で働ける間はパトロンは決して食わせないようにはしないし、無事平穏だ。……ブラジルの味がわかるまでにはまず三年だね」
「そうそう」とマナベが応じた。「わしだって金が有ったら二年目位には日本へ帰ったろうな。三年たったらもう帰る気にはなれんからな。まあ、何だね。ブラジルの夢を見るようになったからもう大丈夫だ。一年や二年のあいだは不思議と日本の夢ばかり見るからな」(同 p.242)

この部落の人びとの生活は、真鍋にしても米良にしても、または黒人やイタリー人たちにしても、あらゆる世間的な欲望を忘れ、世界の国々の動きにも何の関心もなく、貧しくつましい気持ちのなかから、いつの間にか湧いてきた、生きていること、そのことのみの喜びによって生活しているもののようであった。こうして日がな一日紫赤土にまみれての労働の中にも、他人にはわからない多くの幸福がある。むしろ意外なほど純粋な幸福、原始人のような幸福がありそうであった。(p.254)

他文化を自文化として受け入れられたとき、人は変容し、本物の幸せを感じることを『蒼氓』は教えてくれています。

21
技能実習生とは？

　1950年代後半からスタートした「研修制度」は、開発途上国等に技能・技術・知識を移転する国際貢献を目的としていました。1960年代には、国際社会からも「研修」とは名ばかりで「労働力」の導入ではないかという批判が上がりました。さらに1993年には、研修制度に加えて労働者として働く「技能実習制度」がスタートし、2010年には制度改善を目指して「技能実習」という新たな在留資格が創設され、労働法が適用されることになりました。

　技能実習生は1年以内のもの（職種を問われない技能実習）と、3年までのもの（公的な技能評価制度がある68職種126作業、製造業・建設業や農水産業の一部）があります。受け入れの形態により、企業単独型（イ．全体の10%）と団体監理型（ロ．全体の90%）に分かれています。企業単独型は日本の企業等が海外の現地法人、合弁企業や取引先企業の職員を受け入れて技能実習を行うものであり、団体監理型は商工会や中小企業団体等営利を目的としない団体が受け入れて、傘下の企業等で技能実習をするものです。団体監理型の技能実習生は入国後に講習（日本語教育、技能実習生の法的保護に必要な講義など）を受けた後、実習実施期間との雇用関係の下で、実践的な技能等の修得を図ります。技能習得の成果が一定以上に達していると認められ「技能実習2号」への変更許可を受けることにより、最長3年間の技能実習が行えます。

　2015年末現在、研修生1521人、技能実習生19万2655人で、計19万4176人になっています。国籍別では中国が最も多く約6割、次いでベトナム、インドネシア、フィリピン、タイなどと続いています。

　「技能実習」制度は「国際貢献」という目的のもとに、人手不足の中

小零細企業で実習生を「安価な労働力」として使っているという批判があります。帰国できないようにパスポートを取り上げられた上で低賃金での単純労働を強いられている、残業手当の不払い、などの実態が報告されています（安田浩一, 2010）。さらに、労働権を主張する技能実習生に対しては、強制帰国、セクシュアルハラスメントなどの「人権侵害」が生じていることが報告されています（厚生労働省「外国人技能実習生の労働条件確保のための監督指導及び送検の状況」）。技能実習生の賃金は、基準省令で「日本人と同等」水準を要求されていますが、JITCO（国際研修協力機構）白書によれば、実際には最低賃金レベル（2012年は平均12万3582円）で、高卒初任給（2012年平均15万7900円）を大幅に下回っています。

国際社会からも批判を浴び、2010年には国連人権理事会の人身売買に関する特別報告者（ジョイ・ヌゴジ・エゼロ氏）の報告書、2011年には移住者の人権に関する特別報告者（ホルヘ・ブスタマンテ氏）の報告書で「極端な低賃金（中略）私生活の自由に対する制約」などの問題点が指摘されています。

このような深刻な状況に対して、「技能実習」については、多文化共生にかかわる研究者・実践者から政策提言がなされています。外国人技能実習生権利ネットワークは2013年、新たな政策提言を行っています。その要旨は次の通りです。

> 外国人技能実習制度の本質は、転職がなく帰国措置を担保できる「管理された極めて安価で安定的な労働力」として外国人を活用する、最大三年間の「日本型短期ローテーション政策」＝外国人労働力政策にほかならない。それを維持するために、技能実習生を縛る管理＝人権侵害が横行しており、制度設計そのものに問題の核心がある。本来、国際貢献を理念とする制度は、労働力政策とは全く目的を異にする物であり、別個に設計されるべきである。技能実習という特殊な形態は廃止し、労働者としての在留を認めるべきである。

> 外国人労働者の導入策においては、職業選択の自由を含む労働権の保障、労働市場の健全な機能の確保を図りながら制度設計が考案されなければならない。（旗出明「外国人労働者の政策の大転換か」宮島ほか，2014，p.108）

　日本の生産労働人口の減少が大きな課題になっています。これを「国際貢献」を目的とした現在の技能実習制度で補っていくことには無理があります。国際水準にあった外国人労働者導入制度に変えていくことが焦眉の急の課題です。

22
看護師・介護福祉士の受け入れの現状は？

　二国間の経済連携協定（EPA）に基づき、2008年にインドネシア、2009年にフィリピンから、2014年にベトナムから看護師、介護福祉士の候補者を入れる制度が開始されました。候補者の受け入れは、看護・介護分野の労働不足への対応ではなく、二国間の経済活動の連携の強化の観点から、公的な枠組みで特例的に行うものとされています。

　在留資格は「特定活動」で、日本語研修と、病院や高齢者介護施設で働きながらの実務研修を受け（介護福祉士は3年の実務研修が必要）、受験勉強し、看護師は入国から3年以内、介護福祉士は4年以内に国家試験に（看護師は3回以内、介護士は1回で）合格することを目標としています。不合格の場合は、1年間の滞在延長が認められ、再度不合格の場合は、帰国後に在留資格「短期滞在」で再度入国し、国家試験を受けることが可能になっています。

　2008年から2015年までの受け入れ人数は看護師994人、介護福祉士2069人で、国家試験合格率は看護師が10％前後（日本人を含めた全体は90％）、介護福祉士が40％前後（日本人を含めた全体は70％前後）となっています。2015年度EPAに基づいて来日した介護福祉士の合格者は82人で、合格率は50.9％、合格率の改善が報告されました。

　これまでの合格率から、日本語による国家試験には高いハードルがあることがわかります。そのため、厚生労働省では2010年度から、候補者に対して12か月の日本語研修を行い、日本語能力試験N3レベル（日常的な場面で使われる日本語をある程度理解することができる）を身につけた後で研修を受けられるようにしました。看護師試験では、平易な日本語使用、病名の英語併記、試験問題に使う漢字への仮名ふりなどの対策、

および試験時間を一般受験者の1.5倍にするなどの配慮がなされています。

　介護士の合格率は50％台になったものの、看護師の合格率は依然として低いままです。インドネシア、フィリピン、ベトナムはいずれも非漢字圏であり、難解な漢字の医学用語（「褥瘡（じょくそう）」や「吐瀉物（としゃぶつ）」）を「やさしい日本語」にするなど抜本的な改革が必要と考えられます。

　看護師不足は深刻で、2010年には規制改革による看護師国家試験受験資格が緩和されたのをきっかけに、中国人看護師の導入が注目されています。日本への中国人看護師導入を進めるNPO法人では、すでに現地大学からの要請を受けて200名近くの人材を国内の病院に紹介しています。こうしたNPO法人は病院側からの資金援助で運営されており、外国人看護師への経済的な支援体制（生活費・学費の補助等）があり、合格率も高いという特徴があります。実際にこのようなNPO法人から中国人看護師を受け入れた病院では、病院の看護師寮を住居として提供し日本語学校に通学させる、日本人看護師の指導のもと看護助手として経験を積ませるなどのサポートを行い、国家試験に合格した中国人看護師が日本の病院で働いていると言われています。

　少子高齢化に伴い、日本の医療・福祉分野での人手不足はますます深刻さを増しています。このような状況にあって、外国人看護師・介護士の受け入れは焦眉の急の課題です。外国人看護師・介護士を受け入れていく上で何よりも大切なのは、日本が日本の看護文化、介護文化を外国人に押し付けるのではなく、受け入れる日本が、双方の看護文化、介護文化のちがいへの理解を深め、ともに働く者として協働して「生きがい」がある職場をつくっていくことでしょう。

　「外国につながる人」が200万人以上住む社会において、多様な文化的背景をもつ医療・福祉関係者がいることは、日本が外国人にとっても安心して暮らせる社会であることを意味します。人は辛いとき、母語で話せると安心するものです。日本が真の多文化社会になっていく上で、

表 22-1　経済連携協定に基づく受け入れに係る国家試験合格者・合格率の推移（過去 5 年）

看護師国家試験												
	インドネシア			フィリピン			ベトナム			合計		
年	受験者数	合格者数	合格率	受験者数	合格者数	合格率	受験者数	合格者数	合格率	受験者数	合格者数	合格率
2010	285	15	5.3%	113	1	0.9%	—	—	—	398 (54,138)	16 (49,688)	4.0% (91.8%)
2011	257	34	13.2%	158	13	8.2%	—	—	—	415 (53,702)	47 (48,400)	11.3% (90.1%)
2012	173	20	11.6%	138	10	7.2%	—	—	—	311 (56,546)	30 (50,232)	9.6% (88.8%)
2013	151	16	10.6%	150	16	10.7%	—	—	—	301 (59,725)	32 (53,495)	10.6% (89.6%)
2014	174	11	6.3%	163	14	8.6%	20	1	5.0%	357 (60,947)	26 (54,871)	7.3% (90.0%)

介護福祉士国家試験												
	インドネシア			フィリピン			ベトナム			合計		
年	受験者数	合格者数	合格率	受験者数	合格者数	合格率	受験者数	合格者数	合格率	受験者数	合格者数	合格率
2011	94	35	37.2%	1	1	100%	—	—	—	95 (137,961)	36 (88,190)	37.9% (63.9%)
2012	184	86	46.7%	138	42	30.4%	—	—	—	322 (136,375)	128 (87,797)	39.8% (64.4%)
2013	107	46	43.0%	108	32	29.6%	—	—	—	215 (154,390)	78 (99,689)	36.3% (64.6%)
2014	85	47	55.3%	89	31	34.8%	—	—	—	174 (153,808)	78 (93,760)	44.8% (61.0%)
2015	82	48	58.5%	79	34	43.0%	—	—	—	161 (152,573)	82 (88,300)	50.9% (57.9%)

合計欄の（　）内の数字は、日本人を含めた全体の受験者数、合格者数、合格率を表す。

公益社団法人国際厚生事業団および厚生労働省資料（2015 年の統計）による

「外国につながる」看護師、介護福祉士の存在は不可欠なのではないでしょうか。

23
留学生は増えているのでしょうか？

　日本の留学生政策は、高度経済成長を背景として、アジアにおける先進国の責任を果たす目的で実施されてきました。そこには明確な留学生政策はありませんでした。1983年、当時の留学生数は1万人に満たない実情でした。同年5月に中曽根康弘首相（当時）がシンガポールを訪問した際、日本に留学した経験をもつシンガポール人と面談し、「私たちは自分の子どもには日本に留学させたくない。自分の子どもにあんなつらい体験はさせたくない」という声を聞き、愕然としたといいます。

　中曽根首相は、帰国後すぐに留学生政策の見直しを行い、同年8月に「留学生10万人計画」が出されました。2000年までに日本の留学生の数をフランス並みの10万人にしようという計画でした。そのために、「留学生のアルバイト解禁」（週20時間以内で公序良俗に反するおそれのない仕事、2016年現在は週28時間以内）を行い、1984年10月から日本語学校の「就学生」（2010年に「留学生」に一本化）について入国手続きの簡素化が図られました。1985年には「就学生」が倍増（4329人から8942人）しました。その後、1988年には3万5107人まで急増するとともに、日本語学校数も急増することになります（法務省がビザの発給を認めた学校のみでも1984年49校から1990年414校）。

　急増した日本語学校の多くは個人経営や会社経営のもので、教育機関として充分に審査されたものではありませんでした。日本でのデカセギを目的としたものを入国させるために、日本語学校を隠れ蓑として利用する事例も発覚しました。その後1988年に日本語教育振興協会（日振協）が設立され、日本語学校の審査に着手し、1990年の認定校は414校、1998年には認定校は265校まで減少します。1989年から入国管理

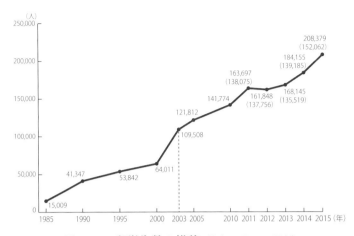

図 23-1　留学生数の推移（各年 5 月 1 日現在）

＊留学生 10 万人計画が出された 1985 年以降 5 年毎の数。留学生が 10 万人を超えた 2003 年も記載。
＊「出入国管理及び難民認定法」（入管法）の改正（2009 年 7 月 25 日公布）により、2010 年 7 月 1 日付で在留資格「留学」「就学」が一本化されたことから、2011 年 5 月以降は日本語教育機関に在籍する留学生数も含めた留学生数も記載。（　）は高等教育機関在籍者数。

日本学生支援機構「留学生数の推移」より作成

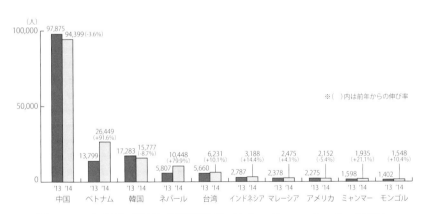

図 23-2　出身国（地域）別留学生数（上位 10 位、2014 年 5 月 1 日現在）

日本学生支援機構「平成 26 年度外国人留学生在籍状況調査結果」より作成

局は日本語学校のビザ申請に厳格な審査を行うようになり、「就学生」は1989年には激減（1万8183人）しました。

このように「就学生」の新規入国数が特異な動きを見せているのに対し、留学生の新規入国数は漸増します（1985年4797人から1989年7777人）。留学生が10万人に達したのは当初の計画より3年遅く2003年でした。2003年に、留学生は10万9508人になりました。

2008年には、「日本を世界により開かれた国とし、アジア、世界との間の人、モノ、カネ、情報の流れを拡大する「グローバル戦略」を展開する一環として、2020年を目途に留学生受け入れ30万人を目指す」とする留学生30万人計画が出されました。日本留学への動機づけ、日本留学の円滑化、魅力ある大学づくり、安心して勉学に専念できる環境への取り組み、日本の社会のグローバル化（留学生の雇用の促進）をめざして取り組みが進んでいます。

2015年5月現在、日本学生支援機構の統計によると日本語教育機関に在籍する留学生数も含めた留学生は20万8379人で前年比13%増になっています。日本学生支援機構の統計（2014年5月）によると、出身国（地域）別留学生数の上位5位は、中国、ベトナム、韓国、ネパール、台湾ですが、ベトナムが前年比91.6%増、ネパールが同79.9%増となっており、アジアの非漢字圏からの留学生が増えていることがわかります。

週28時間アルバイトをしながら勉強できる日本の留学環境は、ベトナム、ネパールをはじめとするアジア諸国からの留学生（タイ、インドネシア、ミャンマー、モンゴル、スリランカ、バングラデシュ、フィリピンなど）にとって魅力となっています。アジアの各国からたくさんの留学生が集まってくる現在、彼／彼女たちの文化について知識をもった上で、多文化にひらかれ、彼／彼女たちを学びに導いていく実践的技術をもった教師が求められています。

24
不法滞在者とはどのような人たちですか？

　不法滞在者は、正式には非正規滞在者と呼ばれます。非正規滞在者とは、一般には、不法入国者、不法上陸者、不法残留者のことを言います。
　不法入国者とは、有効なパスポートなどを所持せずに日本に入国した者を指します。外国人が他人のパスポートを使って入国した場合やパスポートの写真を貼り替えたり、許可なく氏名や生年月日などを変更した場合なども含みます。
　不法上陸者とは、上陸の許可を受けることなく日本に上陸した者です。
　不法残留者とは、在留期間の更新や変更許可を受けずに、日本に滞在することが認められている期間が経過した後も引き続き日本に滞在している者を指します。観光ビザなどで入国した外国人が就労目的でそのまま日本に滞在し続ける場合などです。非正規滞在者は入管法24条により、退去強制の対象となります。
　非正規滞在者がいる状態は好ましくないですから、非正規滞在者を減らす対策が必要になります。対策には3つあります。
　①警察などに逮捕された上で、入国管理局に引き渡され退去強制される場合。本国などに強制送還された後は5年（もしくは10年）の入国拒否期間が設けられることになります。
　②自ら出頭し、出国命令制度を利用して帰国する場合。この場合には原則として入国拒否期間は1年間に短縮されます。
　③退去強制手続きに伴う在留特別許可を申し出る場合。例外的な措置として法務大臣がこの申し出を認めた場合には在留特別許可とされ、そのまま正規の在留資格が与えられて日本に滞在することが可能となることがあります。

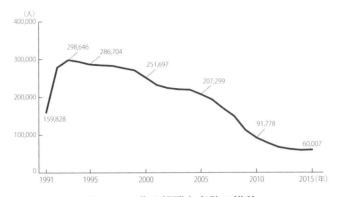

図 24-1　非正規滞在者数の推移
法務省入国管理局統計より作成

　非正規滞在者は、1993年に30万人弱にまで増加しましたが、その後は減少を続け、2014年には約5万9000人まで減少しました。しかし2015年には22年ぶりに6万7人と、946人（1.6%）増加しています。これは特に、9.11米国同時多発テロ事件（2001年）をきっかけに2003年末から非正規滞在者の半減化計画がスタートし、上述した①の徹底した取り締まりとともに、③法務大臣の裁量により在留特別許可が認められた結果です。2003年からの10年間で非正規滞在者は15万8543人減少しましたが、そのうち6万5446人は在留特別許可を受けています。
　非正規滞在者は、国内で労働者として働いていることが多いようです。長期に滞在する人の中には在留資格がないにもかかわらず、日本社会に溶け込み、熟練労働者として日本社会を経済的に支えてきた人もいます。彼／彼女たちの〈人権〉についても、正規滞在者と同様に考えていかなければなりません。

25
外国につながるこどもの教育

　日本に住む人の実態は「日本人」「外国人」という二分法ではつかみきれなくなっています。日本人と結婚し日本国籍をとった「日本人」であっても、フィリピンで生まれ育ち、フィリピノ語を話す「フィリピン」につながる人、日系ブラジル人三世でポルトガル語を話す「ブラジル」につながる人、中国帰国者の子孫で中国語を話す「中国」につながる人がいます。このような多様な文化的背景をもつ人を「外国につながる人」と呼び、同様に多様な文化的背景をもつこどもたちを「外国につながるこども」と呼んでいます。

　1990年代以降、ニューカマー（日系南米人・フィリピン人・中国人など）が増え、それから20年以上がたち、ニューカマーのこどもの教育をめぐるさまざまな課題が出てきています。「外国につながるこども」には希望すれば日本の公教育を受ける「権利」はあります。しかし、日本の公教育を受ける「義務」はありません。日本の小学校に通うためには、日本語能力（生活言語能力のほかに、学習言語能力）が必要です。「外国につながるこども」は、親が仕事で忙しく、自宅で親と日本語で（あるいは母語でも）話さない環境で育ったために、日本語の語彙が少なかったり、学校での学習に必要な学習の構え（learning set）が育まれていなかったり、良いロールモデルとなるような家族や友人がいないことが少なくありません。そのため、日本の学校に通い始めても、日本の学校になじめず、学校に適応できず排除されてしまうことが社会問題になっています。

　文部科学省によると、2014年度、全国の公立学校（小学校・中学校・高等学校）で日本語指導が必要な児童生徒は約3万7000人（外国人約2万9000人、日本国籍約7900人）。母語別にはポルトガル語（主にブラジル）

表 25-1　公立学校に在籍している外国人児童生徒数

	2004年	2006年	2008年	2010年	2012年	2014年
小学校	41,809	43,129	45,491	42,748	40,263	42,721
中学校	19,911	19,311	21,253	22,218	21,405	21,143
高等学校	8,131	7,909	7,284	8,189	8,948	8,584
中等教育学校	32	79	109	112	105	211
特別支援学校	462	508	906	947	824	630
総数	70,345	70,936	72,043	74,214	71,545	73,289

文部科学省「学校基本調査」による

24％、中国語21％、フィリピノ語20％の順に多く、15年前の1.8倍に増えています。日本語指導が必要な児童生徒に対しては、各地域の実情や児童生徒の実態に応じて、「取り出し指導」（児童生徒の在籍学級以外の教室で指導を行うもの）、「入り込み指導」（児童生徒の在籍学級での授業中に日本語指導担当教員や支援員等が教室に入り支援するもの）が行われています。取り出し指導では年間101～150時間の指導を行っている自治体が約半数となっています。

　日本で生きていくためには、日本語の習得は不可欠です。しかし「外国につながるこども」を親の文化や言語を否定して「日本のやり方」に合わせて教育していくことは、社会の一員として自信をもって生きていく上で、こどもに悪影響を与える可能性があります。親の母語・母文化が尊重され、「外国につながるこども」に母文化を継承する機会を与えることが必要です。母語で親とコミュニケーションを行うこと、自分のなかに流れる母文化に自信をもつことで自尊心が育まれて初めて、社会の一員として包摂（社会的包摂）され、「市民」として生きてことができるからです。

　その国の言語や文化を学べるブラジル人学校（文部科学省によると2011年現在127校）やネパール人学校の実態に、その国の言語や文化につながる人だけではなく、日本人の間にも関心が高まっています。

　たとえば、2013年に開校された東京都杉並区のネパール人学校「エ

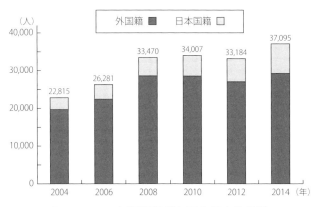

図 25-1　日本語指導が必要な児童生徒数
文部科学省調査による

ベレスト・インターナショナル・スクール・ジャパン」では、日本人15人が学んでいます。ネパールの小学校は日本より1歳早く始まるため、日本の小学校に入学するまで同校に通うケースが多いそうです。同校に通わせる日本人の親は「国籍が違う子たちと理解し合いながら成長できる。外国人と接する機会が増える時代。ここでの経験が将来、役立つと思います」と話しています（2016年2月8日付朝日新聞）。

　このようなこどもたちが将来の多文化共生社会を創っていくと私は信じています。

コラム ▶ 言葉に紡がれた「多文化共生」 ⑥

「言葉の力を信じています」 マララ・ユスフザイ

　女子が教育を受ける権利を幼いころから主張し、女子に抑圧的なイスラム原理主義組織タリバンを批判してきたパキスタンの少女、マララ・ユスフザイさん。2012年10月9日、15歳のときにスクールバスで下校途中にタリバン兵の銃撃を受け、頭部に重傷を負いました。

　奇跡的に一命をとりとめたマララさんが教育への思いを改めて訴えると、銃弾にも屈することのないその強さに多くの人がこころを動かされ、支援の輪はさらに広がっていきました。

『マララ・ユスフザイ国連演説＆インタビュー集』朝日出版社、2014

　国連事務総長の潘基文（パン ギ ムン）氏は、2012年にグローバル・エデュケーション・ファースト・イニシャティブを立ち上げるなど、教育に力を入れていますが、マララさんの誕生日である7月12日を2013年より「マララ・デー」とすることに決定しました。それを記念し、マララさんは16歳の誕生日に、ニューヨークの国連本部で"Not to be Silenced"（言葉をなくすことはありません）というタイトルでスピーチをしました。

　大きな声で、ゆっくりと、一語一語に思いを込めて「教育の大切さ」を伝えたメッセージは、多くの人のこころを動かし、感動を呼びました。

　親愛なる兄弟姉妹のみなさん、すべての子どもの明るい未来のために、私たちは学校と教育を求めています。平和と教育という目的地に向かう私たちの旅はこれからも続きます。私たちを止めることはだれもできません。私たちは権利を求める声を上げ、やがて声を通して変化をもたらすつもりです。私たちは言葉の力と強さを信じているのです。私たちの言葉は世界全体を変えることができます。なぜなら、私たちみんなが教育という大義のもとに一致団結しているからです。そ

して、私たちが目標を達成したいと思うなら、知識という武器で一緒に自分たちの力を高めましょう。団結と連帯によって自分たちを守りましょう。（中略）
　親愛なる兄弟姉妹のみなさん、何百万もの人びとが貧困や不当な扱いや無学に苦しんでいることを忘れてはいけません。何百万もの子供たちが学校にいけないでいることを忘れてはいけません。少年少女たちが明るく平和な未来を待ち望んでいることを忘れてはいけません。
　ですから、無学や貧困やテロとの闘いを世界中で行いましょう。本とペンを手に取りましょう。それらは私たちの最も強力な武器です。教育こそが唯一の解決策であり、教育が第一です。
（『マララ・ユスフザイ国連演説＆インタビュー集』朝日出版社、p.53, 55）

　マララさんのスピーチは、暴力に屈することなく、言葉を発し続けることの大切さを伝えたものでした。銃弾を体に引き受け、変わったことは、弱さと恐怖と絶望がなくなり、強さと力と勇気が生まれたことだと彼女は語りました。

第 **2** 章

「多文化」と「共生」するとはどういうことだろう?

1 「同化主義」「多文化主義」から「多文化共生」へ

　1970年代から2000年代の欧州の「移民」(欧州では移民の定義は「外国で生まれた人」)政策を見てみると4つの段階に分けることができます。

　第1段階は「ノンポリシー」、移民がいても何もしない段階です。

　第2段階は、「ゲストワーカーポリシー」。移民は、労働者としては受け入れますが、いずれ帰っていく存在と考えます。したがって、移民はあくまでも「デカセギ」のよそ者と考える段階です。

　第3段階は、「同化政策」。移民を定住する存在、永住する存在として認めますが、文化的存在としては認めない段階です。移民の文化を捨て、ホスト社会に「同化」することを求める段階です。ホスト社会とは、移民(エスニックマイノリティ)を受け入れている多数派社会を指す用語です。

　第4段階は「多文化主義」と呼ばれる段階で、永住する存在として認め、かつ、文化的アイデンティティを認める段階です。彼/彼女たちの宗教、習慣を認める段階です。多くの欧州諸国(EU、ノルウェー、スイス)では1990年代から2000年代に至り、「多文化主義」をとってきました。

　しかし、移民のアイデンティティの尊重を強調するあまり、移民は集住して住み、ホスト社会と交わることがありませんでした。また、ホスト社会の住民にも移民は「ともに生きる住民」だという意識が育まれないために、集住する移民に対する「偏見」が育まれていきました。偏見で差別されたマイノリティの移民は、2001年9月11日の米国同時多発テロ後、相次いで暴動を起こすようになりました。2002年オランダで、2005年イギリス・ロンドン、フランス・パリ、ドイツなどで移民によ

る暴動が相次いで起こりました。ドイツのメルケル首相、イギリスのブレア首相（当時）、フランスのサルコジ大統領（当時）は、移民の文化的アイデンティティを認めるだけの「多文化主義」は失敗したとして、移民をホスト社会に統合させる「社会統合政策」が必要だとし、2000年代後半に言語政策を中心とした移民のための社会統合政策を創設しました。

　これらの欧州の移民政策から学ぶことは、移民（外国人住民）とホスト社会住民がともに生きる住民であるという意識をもち、ともに対等な立場で社会を構成していくことの大切さです。そのためには、移民とホスト社会の住民との間の対話に基づいた「多文化共生」（英語に訳せば interculturalism: 間文化主義）の段階が必要だということです。

　多文化主義に次ぐ第5段階である「多文化共生」の段階は、移民を永住する存在として認め、文化的多様性を認めた上で、ホスト社会と相互に交流することによって、社会としての一体性を創り上げていく段階です。

2
多文化との共生のために必要なこと

　私たちは21世紀という時空を生きています。生きる時空がかつてないほど拡大した21世紀という時空の特徴は、自己を取り巻く生活空間が多文化に囲まれているということです。

　多文化のなかで生活することは、その人の身体（からだ）と精神（こころ）に2つの意味を問うことになります。1つは、自文化と距離をおくことによって、その身体と精神に〈自文化の意味〉を問うことです。もう1つは、他文化に身をおくことによって、その身体と精神に〈他文化の意味〉を問うことです。

　身体と精神へのこの2つの問いかけは、生活と直接つながっているだけに、身体と精神の変容を迫ってきます。人は、自文化のなかで身につけた身体と精神だけでは、他文化のなかで適応的に生きていくことはできないからです。

　他文化のなかで適応的に生きていくためには、自文化のなかで身につけた身体と精神から他文化の環境に適応した身体と精神に、己の身体と精神を変容させることが必要になってきます。

　自己を変容させるこの作業は、他文化へのまなざしを変容させる作業でもあります。それは、他文化を、自己とのかかわりを断った〈つめたい〉他者として見るまなざしから、自己がかかわる〈いとおしい〉隣人として見るまなざしへと成熟させる作業です。他者へのまなざしを変容させていく作業が〈自覚的〉になされる度合いに応じて、自己を変容させる作業は適応的に進んでいくことになります。

　他者へのまなざしを変容させ他者と手をつなぐためには、①自文化の価値観で判断しないこと（判断留保・エポケー）、②他者について知るこ

と（他文化についての構造的知識をもつこと、他者の言うことを傾聴すること）、③他者と対話すること（他者との関係性を維持し、自分のアイデンティティを守るため）、④他者への寛容性、が必要になります。

　他者についての知識をもたないとき、人は他者に「偏見」をもつ傾向があります。「偏見」は偏見を向けられた人に疎外感をもたらします。疎外感は、人の精神を病ませるか、身体を病ませるか、その人を犯罪者にします。ですから、「偏見」が「犯罪」を生むといえます。「偏見」を防ぐには、「対話」をとおして他者について知ることです。そうすることによって、私たちの精神と身体は偏見という閉じられた世界から、理性、判断力という開かれた世界に変容することができます。

　教育について深く考察したルソーは『エミール』の中で、「理性・判断力はゆっくりと歩いてくるが、偏見は群れをなして走って来る」と語っています。私たちは他人に誘発された偏見に惑わされない理性と判断力を身につけなければなりません。

　18世紀のカトリックとプロテスタントの間の不寛容について深く考察した啓蒙思想家ヴォルテールは、『寛容論』の中で、否定・排除ではなくまず〈議論〉をしなければならないと語っています（コラム7参照）。〈議論〉とは「あなたの意見には反対だ。しかし、あなたがそれを主張する権利は命をかけても守る」という態度です。自然法・人定法の普遍的原理は「自分にしてほしくないことは自分もしてはならない」からです。〈議論〉から〈理解〉が始まります。ヴォルテールの言う〈議論〉は、本書で言う〈対話〉です。

　21世紀、多文化共生時代を生きる私たちは、寛容性を身につけ、多文化共生のために必要な、理性と判断力を対話によって成熟させていくことが必要なのです。

コラム ▶ 言葉に紡がれた「多文化共生」 ❼

『寛容論』 ヴォルテール

　2015年、フランスはテロ事件で緊張が続きました。1月7日のシャルリ・エブド襲撃事件、11月13日のパリ同時多発テロ。格差社会になり、「ちがい」に対する不寛容が広がるなかで、今、18世紀の啓蒙思想家ヴォルテールの『寛容論』がフランスで読み直されています。日本語でも中川信の訳で中公文庫におさめられていて、たやすく手にすることができます。

ヴォルテール

　ヴォルテール（1694-1778）は18世紀フランスの啓蒙主義を代表する哲学者です。訳者による著者紹介によれば、ヴォルテールは1717年、摂政オルレアン公を風刺した詩の作者としてバスチーユに投獄されます。1719年、決闘の罪で再投獄され、その後、イギリスに亡命します。1734年、イギリス見聞報告を装ってフランスを批判した『哲学書簡』を刊行しますが、直ちに発禁処分となります。1759年以降、スイス国境近くのフェルネーに安住し、そこで綴った『寛容論』（1763年）はヴォルテールの代表作になります。

　ヴォルテールはカトリックとプロテスタントの宗教対立が激しかった時代に、地域での迷妄と狂信に対して、理性と寛容こそが勝利することを、言葉で綴るとともに、行動として示し続けました。

　『寛容論』は、18世紀半ば南フランスのトゥールーズで起こった誤審裁判事件である「カラス事件」を契機に、寛容（トレランス）の重要性を説いた啓蒙書です。カラス事件は、1761年、カトリックとプロテスタントの宗教対立が激しかったトゥールーズで起こった事件です。カトリックに改宗した息子が自殺体で発見されたとき、プロテスタントの父親ジャン・カラスが殺したものと疑われ、トゥールーズ高等法院の判決により父親は車裂きの刑を受けます。そして一家は破滅と離散に追いやられます。

ヴォルテールは四散した一家を援助し、再審査のための運動を展開します。事件の客観的事実を明らかにした上で、自然法と人定法が不寛容に対して法的根拠を与えないことを立証し、宗教的寛容を訴える文章を発表、やがて再審無罪を勝ち取ります。カトリック教会の男子修道会であるイエズス会の名門校で教育を受けたヴォルテールですが、理性によって大自然・大宇宙の創造主である神を感得する「理神論」の立場に行きつくのです。

　自然法とは、自然が全人類に教示する法にほかならない。諸君が子どもを養育したとき、その子供は諸君に対して、父に対する尊敬と恩人に対する感謝の念を抱かねばならない。諸君は自分の手で耕した土地からの収穫物が自分のものであるという権利がある。諸君が約束を行ったり、約束されたとき、その約束は守らなければならない。
　人定法はどのような情況であろうとも、この自然法のうえにのみ確立されうるものである。そしてこの二つの法の大原理、普遍的原理は地球のどこであろうと、「自分にしてほしくないことは自分もしてはならない」ということである。さて、この原理に従うなら、ある一人の人間が別の人間に向かって、「私が信じているが、お前には信じられないことを信じるのだ。そうでなければお前の生命はないぞ」などとどうして言えるか理解に苦しむ。（『寛容論』中公文庫、p.51)

　宗教や国境や民族の相違を超えて、多様性と寛容性を賛美したヴォルテールの思想は、不寛容が広がっている現在に、寛容が幸せをもたらす理論的根拠となっています。

3
こころの壁とは——ジョハリの窓

「こころの壁」とは何でしょうか。「こころの壁」とは、他者の精神と自分の精神の間に築かれる〈壁〉です。〈壁〉のメタファーは「妨げとなるもの、障害」です。すなわち、他者を理解し、他者とかかわり合い、他者と手をつなぎ、他者とともに生きる妨げとなるものです。

なぜ、人は他者に対して「こころの壁」を築いてしまうのでしょうか。なぜ他者にこころを閉じるかというと、他者にこころを開くことが恐いからでしょう。人はなぜ、他者にこころを開くことが恐いのでしょうか。それは自分自身のなかに「こころの壁」があるからです。

そのことを表したモデルとして、〈ジョハリの窓〉があります。〈ジョハリの窓〉は、1955年、アメリカの心理学者ジョセフ・ルフトとハリ・インガムが発表しました。

図 3-1 に示したように、ジョハリの窓は、人のこころをあらわした「窓」です。こころの窓は、自分にわかっているか自分にわかっていないか（横軸）、他者にわかっているかわかっていないか（縦軸）によって、2×2の4つの窓に分けられます。

 Ⅰ 自分は気がついていて、他者にもわかっている窓
   ——開放の窓：open self
 Ⅱ 自分は気がついていないものの、他者からは見られている窓
   ——盲点の窓：blind self
 Ⅲ 自分は気がついていて、他者には見せない窓
   ——秘密の窓：hidden self
 Ⅳ 自分も気がついていなくて、他者にもわからない窓
   ——未知の窓：unknown self

図3-1では、ちょうど四等分した形になっていますが、開放の窓をどのくらいにするかは人によって異なります。すなわち、開放的な人は開放の窓が大きくなります。そうすると盲点の窓も大きくなることになります。こころを閉ざす人は「開放の窓」が小さくなり、盲点の窓も小さくなります。自分を他者に開くという作業は、盲点の窓も大きくなることですから、

	自分にわかっている	自分にわかっていない
他人にわかっている	I 開放の窓 「公開された自己」 (open self)	II 盲点の窓 「自分は気がついていないものの、他人からは見られている自己」 (blind self)
他人にわかっていない	III 秘密の窓 「隠された自己」 (hidden self)	IV 未知の窓 「誰からもまだ知られていない自己」 (unknown self)

図3-1　ジョハリの窓

自分の知らない部分に気づかされることにもなります。受け入れがたい部分にも気づかされることになります。これが異文化の人であれば、コミュニケーションのスタイルも異なりますから、そのような批判を受け止められず、他者に対して否定的な感情が起こってくることにもなります。
　精神の成熟とは、自分を異文化の他者にひらき、開放の窓を大きくすることによって、今まで知らなかった盲点の窓に気づくことを喜びとすることができるようになることでしょう。多文化がかかわり合う社会においては、対話によってこの開放の窓を大きくし、知らなかった自分にも気づいていくことが大切になってきます。
　自己は、また、他者にとっても意味のある存在であることが必要です。他者が開放の窓をひらいたときに、他者の立場に立ち、他者とかかわり合い、他者の「盲点の窓」に気づきを与える役割を果たす存在でなければなりません。
　多文化社会にあっては、他者との対話をとおして自己の「盲点の窓」に気づくとともに、他者も、私との対話を通して「盲点の窓」に気づいていく双方向の作業が必要です。

4
文化接触とこころの反応

　異文化に対して精神(こころ)を閉じる段階から異文化に対して精神を開いていく段階に進むことが「成熟」ですが、人はどのようにして「成熟」の段階に進むのでしょうか。

　ペダーセン（1987）は、異文化との接触によって生じるこころの変化には5つの段階があるとしました。

　図4-1で縦軸は感情の動き、横軸は時間を表します。

Ⅰ　蜜月段階（honeymoon stage）

　異文化に対して夢や期待をもっていた場合には、異文化の新奇性により、すべてが素晴らしいものと感じられる段階です。この時期、人は見るもの、聞くものすべてが新鮮で、「あばたもえくぼ」のハネムーン状態になります。この時期は興奮期なので、長くは続きません。

Ⅱ　排除段階（disintegration stage）

　興奮からさめると、その興奮によってエスカレートしたこころは、平衡を保とうとします。今までよく見えていた分、少しのことで衝撃を受け、相手を攻撃するようになります。これが「排除段階」です。

　この時期は、摩擦が生じ、エネルギーが奪われる時期です。今まで自分が信じてきた考え方・感じ方・行動の仕方と異なる文化に触れ、こころが安定せず、不安になります。こころは安定を求めるものですから、不安な状態は、安定を求める行動を動機づけることになります。

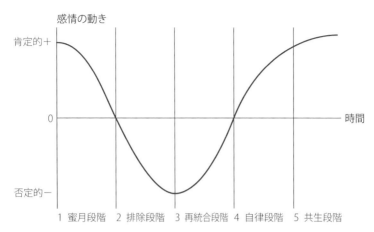

図 4-1　異文化接触とこころの反応

倉八，2001 より

III　再統合段階（reintegration stage）

　相手との摩擦を少なくし、こころの不安を和らげるために、精神は、それまで信じてきた考え方・感じ方・行動の仕方を調節し始めます。異なると感じられた相手文化の行動様式の意味を理解し、そのいくつかを取り入れ、相手文化に適合した考え方・感じ方・行動の仕方ができるようになります。それとともに、相手文化のほうもこちらの文化に合わせて形を変えることになります。

　この段階になってこころは不安な状態から解消され、相手文化への感情もネガティブなものからポジティブなものへと成長していきます。

IV　自律段階（autonomy stage）

　相手文化とのちがいに慣れ、ちがいの意味に気づき、ちがいをちがいとして受け入れることができるようになると、新たな自己の枠組みができ、こころの均衡が図られます。

　文化はそれぞれに意味をもつものであり、どちらがよいという価値基準で見ることができるものではないということに、身をもって気づく段

階です。この段階になると、異文化の中で、自律して生きることができるようになります。

V　共生段階（interdependence stage）

　異の中に個として立った人は、それまでの狭い枠組みから解き放たれ、相手文化のよさを見ることができるようになり、相手文化のよさに学ぶことができるようになります。相手文化のよさに学ぶことができれば、相手文化との間に創造的関係が築けるようになります。

　相手文化との間に創造的関係が築けるようになって初めて、相手文化は「異文化」ではなく、「多文化」として意識されるようになります。そこから、多文化のそれぞれが活かされる〈多文化共生〉という関係が生まれる可能性が生じます。

5
対話がもたらすものは何だろう？

「対話」について深く考察した人に、パウロ・フレイレ（1921-1997）とミハイル・バフチン（1895-1975）、平田オリザ（1962- ）がいます。

ブラジルの教育者パウロ・フレイレは20世紀に、ブラジルにおける多文化間の教育に身を奉げる過程を通して、人が変容するためには〈対話〉が必要であることを見出しました（フレイレ，1982）。

フレイレは、ブラジルにおける農業指導の教育を見つめ、被抑圧者という扱いではただ「伝達」のみしか成立しないこと、人びとが成長するためには、被抑圧者という扱いではなく、対等な立場で接する指導者による「対話」が必要であると主張し続けました。対等な立場で指導する指導者とは「相手とかかわりたいというこころをもち、わかってもらいたいと相手に求め、相手の注意を惹く「愛ある指導者」である」とした上で、「教育はエクステンシオン（伝達）かコミュニカシオン（対話）のいずれかを志向するものであり、そのいずれを志向するかによって、支配の行為ともなれば、解放の行為ともなりうる。教育が解放の行為となるためにはコミュニカシオン（対話）による教育がなされなければならない」と説きました。

パウロ・フレイレ
Creative Commons, Slobodan Dimitrov

ロシアの言語哲学者ミハイル・バフチンは、言語の本質が対話にあること、対話が社会的現実を構成すること、対話が文化的衝突から来る摩擦や

ミハイル・バフチン

葛藤を創造性に変えるとしました（バフチン，1988）。バフチンの考えに基づいて考えられた「オープンダイアローグ」という治療法の効果も報告されています（斎藤，2015）。「オープンダイアローグ」とは精神障害は言葉からの阻害によって社会的に作られた疾患であると考え、治療者は患者に対して「言語化されにくい経験を言語化する」「語られてこなかったことを語らしめる」対話主義に徹します。対話を目的として取り組む間に治癒が副産物としてやってくるというのです。「特異な体験である幻覚、妄想はモノローグによって強化され、ダイアローグによって解消される。人はダイアローグによって現実世界を構成することができる」。

　日本の劇作家、平田オリザは、「「対話」（Dialogue）とは他人と交わす新たな情報交換や交流のことである。「会話」（Conversation）とは、すでに知り合った者同士の楽しいお喋りのことである。（中略）日常会話のお喋りには、他者にとって有益な情報はほとんど含まれていない」（平田，2001）と述べています。

　このように見てくると、「対話」は対話の当事者の社会的現実を構成し、当事者に変容を結実するものですから、多文化と共生するために必要なものが「対話」であることがわかってきます。

　私は対話を次のように定義します。

「対話とは、相手とかかわりたいというこころをもち、わかってもらいたいと相手に求め、相手の注意を惹き、相手の知らないことを知らせる表現行為である。そして、対話することによって、対話の当事者に変容がもたらされる。」

　この「対話」を続けることで、私たちは、変容し、成熟し、他者とともに生きることができるようになります。

コラム ▶ 言葉に紡がれた「多文化共生」⑧

『絆こそ、希望の道しるべ』アウンサンスーチー

2013年4月14日、27年ぶりに来日したアウンサンスーチーがミャンマー出身の人に語りかける姿を見たいと、ベルサール渋谷ガーデンに行きました。会場を埋め尽くした2000人近いミャンマー人に「祖国を大切に」と語りかける姿に、彼女の祖国への本当の愛、自由への信念を感じました。

『絆こそ、希望の道しるべ』
ケーズ・パブリッシング、
2011

ミャンマーの民主化の指導者アウンサンスーチー（以下、スーチー）は、15年に及ぶ軍事政権による軟禁生活に屈することなく民主化のために戦い続けました。2015年11月彼女が率いる国民民主連盟（NLD）は圧倒的な勝利を収め、2016年4月からNLDによる民主化の道への歩みが始まりました。

軟禁生活にあったスーチーを支えたのは、国際社会でした。1991年、スーチーはノーベル平和賞を受賞します。その授賞式には軟禁生活にあったスーチー自身は出席することはできず、英国人の夫が出席しました。

スーチーが日本人に語りかけた著『絆こそ、希望の道しるべ』（ケーズ・パブリッシング）を通して、彼女の生き方の姿勢を考えてみます。

愛するビルマのために

英国人の夫、息子2人と英国で暮らしていたスーチーは、母の病のために1988年、43歳でミャンマーに帰国します。ところが母の看病で数か月ミャンマーにいる間に、民主化への運動が急激に進んでいきます。熱烈な民主化へのうねりは、故アウンサン将軍の娘であるスーチーを、指導者として強く求めることになります。

「私がアウンサンの娘であるという事実が消し去れない限り、私と人びととの間には切っても切れない絆がある、と自覚したのです。（中

略）私はただ、私に課せられたさだめに逆らうことだけは避けようとこのとき思ったのです。私は決断しました。人びとのために、愛するビルマのために行動を起こそうと」（『絆こそ、希望の道しるべ』p.73）

軟禁生活は対話の生活
1年後の1989年、スーチーは、父の命日7月19日に自宅軟禁になります。それから15年間の軟禁生活は、彼女の精神を「対話」の希望へと導いていくことになります。

「私の考えは、政権側と正面切って闘うことではありません。願いはまず対話をしたいということです。対話のなかで、協力してよりよい国家を作っていきたいという素朴な目標にすぎません」（同 p.75）

そして、大事なことは知恵をしぼって行動を起こすことであると説くのです。

「大事なことは、事実を冷静に受け止め、それにどう最大限対処していくかを考え抜くことです。期待するだけではなにもできない。期待することを実現させるには、知恵を絞って正しい方法で行動を起こす。そうしなければ目標が必ず見えなくなる。道は必ず開ける、そう信じることです。そうすれば色々な知恵が出てきます。何事にも、逃げたり、目をそむけてはいけません。」（同 p.80）

軟禁生活中、スーチーは、自覚を発達させる瞑想の習慣を身につけ、書物を読み、ラジオを通して世界の情報を聞きました。ビルマの古典やインドのネール元首相の本、マハトマ・ガンジーの本との対話、および西洋の詩との対話は、スーチーに確固たる信念をもたらしました。

対話の姿勢を支える要因
スーチーの対話の姿勢を支えるものは何でしょうか。それは次の5つにまとめられます。

1）誠実なこころ：自分は間違ったことをしていないという信念
　「誠実な生き方をしている人ほど強い人間はいないのです。（中略）人を欺けば、その結果は必ずその人間についてまわります。正直な態度は、少しも重荷にはならないのですから」（同 p.100）

2）自分を客観的にみるこころ
　「物事の本質を見極めるには、自覚が大変重要になってきます。そのためにはどれだけ自分を客観的に見られるかということに尽きるのではないかと思います。そうすれば、解決の糸口はかならずみつかるものです。」（同 p.105）

3）自ら行動する勇気
　「道を歩いていると、向こうから銃を構えた国軍の兵士たちがやってきて、私たちに銃口を向けたのです。私は党員たちに道の端を歩くように促し、私は銃口に向って歩いていきました。しかし、若い兵士は引き金を引くことはできませんでした。この場合逃げ隠れしていたのではなにも解決しません。恐れずに行動で示すことが大切だったのです」（同 p.107）

4）人とつながる
　「人間はひとりでは生きられないのです。亡くなった父母、兄、夫のマイケルや祖父たちをはじめ、民主化運動にささげて命を落した人々を私は生涯決して忘れることはありません」（同 p.106）

5）歩いていく意志
　「私たちはひとりではありません。"絆"によって結ばれています。多くの犠牲によって成り立っている命、それでも、人は強い心をもっているのを忘れないこと、これが希望への道しるべだと思います。どうか前をみて歩いてください。歩き続ける人に"力"は存在するのですから」（同 p.109）

6
こころの壁を取り除くために
――コンフリクト場面をどう考えるか

　多文化との出会いは、日々の生活の中では、さまざまな「出来事」として立ち現れます。その「出来事」が、他者が、今住んでいるところの「ルール」を知らなかったことによって起こるのか、あるいは、文化的背景がもたらす価値観のちがいから起こるのかによって、解決法は異なります。たとえば、「ゴミの分別の問題」は、明文化されたルールがありますから、ルールを「伝える」ことで解決できます。

　しかし、文化的背景がもたらす価値観のちがいから起こる場合には、「こころの窓」を開いて、それぞれの「盲点の窓」に気づくための「対話」が必要になってきます。

　次の事例を「当事者」として考えてみてください。

　あなたの家の隣には、フィリピン人のマリアさんが住んでいます。あなたはいつも朝マリアさんに挨拶しますが、マリアさんはあなたには挨拶しません。

　マリアさんはフィリピン人の友達とは、タガログ語でよく話しています。遅くまで話していることも多いです。ときどき夜遅くまで、飲んだり騒いだりしているようです。

　せっかく、外国人と隣同士になったので、あなたは外国人の役に立ちたいと思っています。日本を好きになってほしいと思っています。でも、遅くまで飲んだり騒いだりする日が続くと、気になってよく寝られず、仕事にも集中できません。

　こんなとき、あなたはどうしますか？

❖コンフリクト場面

このような問題場面を「コンフリクト」場面と言います。

「コンフリクト」とは、期待していることが妨害されていると関係者が認知する状態のことで、一方が適切と思って行う行動が、他方にとっては我慢できないものと知覚される状態です。

人の考え方、行動様式は、人それぞれ違います。育ってきた文化が違えば、母文化で育まれた価値観も異なり、行動様式にもちがいが出てきます。日常生活、社会生活のさまざまな場面で「コンフリクト」が生じることになります。

この事例を考えてみましょう。フィリピン人の文化的背景から来る価値観に基づいた行動（夜遅くまで、友達と話したり飲んだりする）と、日本の価値観に基づいた行動（夜は静かな時を過ごしたい）が異なり、日本人がコンフリクトを感じています。そして、フィリピン人も「コンフリクト」を感じているかもしれません。

多文化社会においては、相手に否定的な感情を持ち続けないために、コンフリクトをどう考えるかが、大切になってきます。

❖コンフリクトをどう考えるか

この事例では、直接、マリアさんに「静かにしてください」という自分の主張を通す方法をとる人もいるでしょう（対決型）。あるいは、マリアさんと話し合って、たとえば、夜騒ぐのは10時までにするという解決法にこぎつく人もいるでしょう（協調型）。あるいは、マリアさんと話し合っているうちに、マリアさんが「ごめんなさい。気づかなかった。もうやめます」とマリアさんのほうから譲ってきたので、「週末くらいならいいですよ」というように自分も譲るという解決法をとる場合もあるでしょう（妥協型）。この3つの解決法はいずれも直接、相手と交渉する方法をとっています。

これに対し、大家さんなどの第三者を通して、伝えてもらう解決行動に出る人もいるでしょう（第三者介入型）。あるいは、出会ったときは目

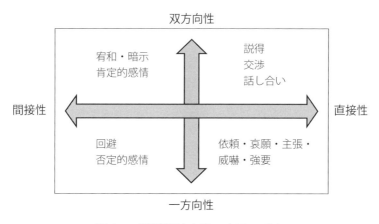

図 6-1　葛藤解決方略の次元モデル
加賀美，2013 を一部改変

を合わさないように回避して否定的感情を持ち続ける場合もあるかもしれません（回避型）。あるいは引っ越すことでコンフリクトを回避する場合もあるかもしれません（撤退型）。この3つの解決法はいずれも、相手との直接接触を避けるという方法をとっています。

　加賀美（2013）はファルボとペプロー（Falbo & Peplau, 1980）の研究に基づいて、コンフリクト解決方略の次元モデルを図 6-1 のように整理しています。縦軸は相手の立場や気持ちを配慮する程度を表す次元であり、一方向方略と双方向方略があります。一方向方略は自分の要求や感情を押し付ける場合で、双方向方略は、相手の気持ちを考えながら、相手が自分の感情を自発的に変えるように促すものです。横軸は方法で、間接的な方法と直接的な方法があります。

　課題に対して双方向的な行動がとられた場合に、コンフリクトで生じる否定的感情が肯定的感情に変容する可能性があり、一方向的な行動がとられた場合には、コンフリクトで生じる否定的感情はそのまま続くことが見出されています。

　コンフリクト場面では双方的行動をとることによって人は幸せになる、と言うことができるでしょう。

7
異文化をどう考える？

　文化にはその文化特有の意味があります。異なる文化の意味は、自文化で身につけた常識からの想像によってだけでは、理解できない場合があります。イギリスの社会人類学者エドマンド・リーチは、文化におけるコミュニケーションの段階には自然のレベル（食事や睡眠など）、社会的レベル（社会的習慣など）、象徴レベル（宗教など）があり、象徴レベルは当事者でなければその意味を理解しにくいと言っています（青木, 2001）。

　次の事例を当事者として考えてみてください。

> 　先日、神戸に旅行に行きました。宿泊したホテルには多くの中国人の旅行客がいました。朝食はバイキングでした。たまたま中国人旅行客の隣に座りました。彼／彼女たちは、食べきれないほどたくさんの食べ物をとってきて、大きな声で話しながら、食べ始めました。食べている間、ずっと大きな声で話していました。そして、皿に半分以上の食べ物を残して出て行きました。静かに食べたかった私たちは、食事を楽しむことができませんでした。日本に観光旅行に来てくれるのは嬉しいことです。でも、今度から中国人の隣に座るのはやめようと思いました。
> 　あなたなら、文化のちがいをどう受け入れますか？

　日本では、話している相手に気遣いするのと同様に、自分たちの周りの人にも気遣いをすることが大切とされます。そのため日本人は、公の場では周りの人の迷惑にならないよう、静かに話すことが美しいと考え

ます。また、食べ物は残さないで食べるのが美しいこととされています。残すことは作ってくれた人に対して、失礼なことになるからです。

　一方、中国人は大きな声で話します。大きな声で話すことは、話している相手を大切にしていることを意味しています。周りの人も大きな声で話していますから、周りの人への気遣いは要りません。また、たくさんの食べ物がテーブルにあることは、豊かさを意味しています。食べ物を全部食べつくすことは、貧しさ、意地汚さを意味します。だから、残すことが美しいこととされているのです。

　このように、「大声で話す」「食べ物を残す」という社会的習慣の意味は、文化によって異なります。日本で生活する中国人にとって、自文化を維持すること（「大声で話す」「食べ物を残す」）と日本文化を受け入れること（「公の場では静かに話す」「食べ物を残さない」）は、二律背反的な関係にあります。二律背反的関係にある文化的背景をもつ人びとがともに生きていく社会では、自文化を維持しながら、相手文化（異文化）を受容する知恵が求められます。

　ベリー（Berry, 1997）は移動した人びとの文化受容の類型を、自文化のアイデンティティを保持するかしないか、ホスト文化の人びととの良好な関係を築くことを重視するか重視しないか、の4つに分けています（**図7-1**）。

　縦軸は相手文化との関係性の維持の尺度であり、上がホスト社会の人びととの良好な関係を維持する行動、下が維持しない行動を表しています。横軸は自文化のアイデンティティの維持の尺度で、左が自文化の特徴と文化的アイデンティティの維持を重視する行動、右が重視しない行動を表しています。

　ホスト社会の文化との関係性も維持し、かつ、自文化で育まれたアイデンティティも維持できる状態（左上）は、相手からも受け入れられ、自分のアイデンティティも保てるわけですから理想的な状態です。この状態は〈統合：integrate〉と呼ばれ、ホスト社会に、安定した状態で包摂（社会統合）されます。社会に生きる人びとがすべて社会統合され

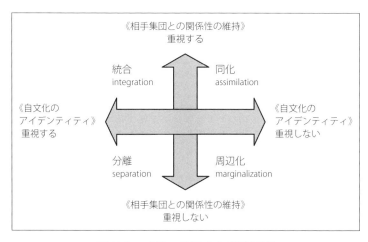

図 7-1 ベリーの異文化受容態度
加賀美, 2013 を一部改変

て初めて、社会は多文化共生の状態になります。中国人同士だけの場合は大きい声で話すが、日本の電車などの公の場では、小声で話すことが大事なことに気づき、小声で話すという成熟した行動です。

　ホスト文化の関係性を維持するために自文化のアイデンティティを犠牲にする場合（図の右上）は、相手文化に〈同化：assimilate〉することになります。小声で話すことが大事だとは納得できないが、日本人に言われるから仕方なく小声で話すという場合です。

　自文化のアイデンティティを維持するために、相手文化との関係性を犠牲にする場合（左下）は、相手から〈分離：separate〉することになります。日本人とは交わらないで、中国人コミュニティの中だけで住む場合です。

　相手との関係性も築けず、自文化のアイデンティティも失ってしまう場合（右下）は、どこにも居場所がなくなり、〈周辺化：marginalize〉することになります。

　外国につながる人がホスト社会で生きていくためには、自文化のアイデンティティを犠牲にしたと感じながらホスト社会に〈同化〉するので

はなく、また、自文化のアイデンティティの中で生活し、ホスト文化との関係性を築けない〈分離〉でもなく、ましてや、自文化のアイデンティティを失った上に、ホスト国との関係性も築けなくなって〈周辺化〉するのでもなく、自文化のアイデンティティを維持しながら、ホスト社会の人びとに受け入れられ良好な関係を築ける〈統合〉の状態を、外国につながる人びとと、ホスト社会である日本人がともに協働して作っていくこと（多文化共生社会の実現）が必要なのです。

8
ヘイトスピーチをするのは言論の自由ですか？

　歴史を見れば、脆弱なマイノリティは常に差別され、時には抹殺の対象とされてきました。そのことをこころに刻み、民主主義国家は人種・民族的マイノリティを差別しないという意志を固め、人種差別を禁止する法律を作り、守るという意志を世界に示してきました。

　日本には人種差別を禁止する法律はありませんが、アメリカには公民権法が、イギリスには平等法が、フランスには人種差別禁止法が、ドイツには一般平等待遇法が、そしてカナダには人権法があります。

　21世紀になって、世界が交通通信網でつながるとともに、民族や宗教のちがいに対する不寛容が「ヘイトスピーチ」という形で表れることが増えてきました。「ヘイトスピーチ」とは、「特定の人種や民族の (1) 社会的排除 (2) 権利の制限 (3) 憎悪や差別意識をあおること、のいずれかを目的とし、人を中傷したり身の危険を感じさせたりする表現行為」です。

　日本では2013年に在日韓国・朝鮮人をはじめ多くの外国人が住む大阪市の鶴橋や、東京都の新大久保で繰り返し排外主義デモが行われました。2013年2月24日に大阪・鶴橋駅前で行われた排外主義デモでは女子中学生が「南京大虐殺でなくて鶴橋大虐殺を実行しますよ」と叫び、インターネットで世界中に配信されました。法務省によると、2012年4月〜2015年9月に全国で確認されたヘイトスピーチ関連のデモや街宣は1152件。2015年の1年間では約250件にのぼるといいます。

　ヘイトスピーチに対して、主要国は国連の世界人権宣言に反するものとして、法整備を進めています。英国は公共秩序法、フランスでは人種差別禁止法、ドイツやカナダでは刑法で規制しています。このように過

去の差別の歴史をこころに刻んだ多くの先進国がヘイトスピーチを規制する法律をもつ中で、アメリカは法規制をもちません。

　アメリカで法規制が行われていないのは、「言っていることは憎むが、言う権利は言論の自由として認める」という立場からです。ヘイトスピーチが認められているということは、ヘイトスピーチの標的にされた脆弱なマイノリティはそれを我慢しなければならないということです。そして標的にされていない人たちは、ヘイトスピーチを認めているということになります。アメリカの法学者ジェレミー・ウォルドロンは、ヘイトスピーチは、人間の尊厳を傷つけるものだから規制されなければならないとの立場を明確に主張しています。ウォルドロンは『ヘイトスピーチという危害』(2015) の中で、ヘイトスピーチを分析し、法学者の立場から、ヘイトスピーチは「安全」という社会の公共財を損ない、かつ、人間の尊厳を傷つけるものであり、法律によって規制されなければならないと主張しています。

　国連人権差別撤廃委員会は2014年8月、日本政府に対し、人種差別禁止法を制定するとともに、ヘイトスピーチを規制するよう勧告しました。排外主義デモが起こった大阪市は、ヘイトスピーチ問題と取り組み、市民の人権を擁護すべき基礎自治体として独自に、3年の年月をかけて「ヘイトスピーチは許さない」という姿勢を明確に示す「大阪市ヘイトスピーチ対処に関する条例」案を作成しました。この条例案は大阪市議会で2016年1月15日、自民党以外の賛成多数で可決されました。審査会が審査し、ヘイトスピーチに当たるということになれば、その団体や個人の名を公表するというものです。罰則規定はありません。

　国レベルでは2015年、民主党（当時）などが参議院法務委員会にヘイトスピーチを禁じる「人種差別撤廃施策推進法案」を提出し、同年8月の国会では見送られました。しかし2016年4月、法案審議が再開され、5月24日に与党案が可決、「ヘイトスピーチ対策法」として成立しました。

　前文では「不当な差別的言動はあってはならず、許されないと宣言し、

解消に向けた取り組みを推進する」と述べられています。ヘイトスピーチは「日本以外の国・地域の出身者と子孫で適法に住む人に対し、差別意識を助長・誘発する目的で命や体に危害を加えるように告げるか、著しく侮蔑し、地域社会からの排除をあおる言動」と定義されています。国や自治体に対し、相談体制の整備や人権教育の充実などを求める内容で、具体的な禁止規定や罰則のない理念法です。

　理念が共有されたことは大きな第一歩だと言えるでしょう。日本社会全体で、私たちは社会に潜む差別の構造に目を向け、差別を許さないという信念をもち、行動を続けていきましょう。

コラム ▶ 言葉に紡がれた「多文化共生」❾

『自由への長い道』ネルソン・マンデラ

　私は、2001年南アフリカのヨハネスブルクのランドアフリカーナ大学で行われた大学教育国際学会に参加し、ネルソン・マンデラ（1918-2013）の基調講演を聞きました。ネルソン・マンデラは獄中生活の間にこの大学の通信課程で学び、法学士号を取りました。

Long Walk to Freedom, Little Brown & Co., 1994

　基調講演でマンデラは「教育は最も強い武器です。教育によって世界を変えることができます。生まれたときから肌の色や宗教で他者の憎む人はいません。人は憎むことを学ぶのです。それと同じように、人は人を愛することも学ぶことができます。世界の大学からきょうここに人が集まって、学会が開かれることは私の大きな喜びです」と言いました。まっすぐ立ち、笑顔をたたえながらこう語りかける姿勢に、人種差別政策に反対し続け、国家反逆罪で終身刑を受け27年間の獄中生活を耐え抜き、戦い続けた彼の生き方が表れていて、こころからの感動を覚えました。

　その後、私はマンデラが獄中生活を送ったロベン島を訪れました。マンデラに与えられていた1畳ほどの空間を見たとき、自由への闘いとはこれほどまでにすさまじく、高潔なものなのだと感じました。ロベン島で、マンデラの著書 *Long Walk to Freedom*（邦訳『自由への長い道』日本放送出版協会）を求め、南アフリカの地で読みました。625ページに及ぶ長い自叙伝は、力強く、美しく、そして、わかりやすい英語で書かれています。

　その最後の部分にはネルソン・マンデラの考え方、生き方が次のように綴られていました。

　　私が生まれたとき、私には自由への渇望はありませんでした。私は生まれたとき自由でした。私が知りうる限りあらゆる面において、私

は自由でした。母の山小屋の周りを自由に走り回り、村を流れる小川で自由に泳ぎ、星空の下でパンを焼き、牛にのってゆっくり走りまわりました。(中略) 少年の頃の自由が幻想であったことに気づいたとき、青年になって自由がすでに奪われてしまっていることを知ったときに、自由への渇望が始まったのでした。(中略)

　私たち黒人の自由への渇望は長い、孤独な年月を経て、すべての人、すなわち黒人と白人の自由への渇望に変容していきました。抑圧者も被抑圧者と同じように、解放されなければならないことに気づいていきました。他者の自由を奪う人は、憎しみに囚われた人なのです。偏見と視野狭窄に囚われてしまった人です。私が自由を奪われているとき自由でないのと同じように、私が他者の自由を奪っているとき、やはり私は自由ではないのです。抑圧者も被抑圧者も、どちらも、人間性を奪われた状態なのです。(中略)

　私は自由への長い道を歩いてきました。くじけないようにやってきました。その道のりには、つまずくこともありました。しかし、その道のりの中で私が気づいたことは、大きな丘を登り切った後にも、いくつもの丘が続いているとうことです。私は、しばし休み、私を囲む輝かしい眺望を眺め、来し方を振り返りました。しかし、私が休むことができるのはほんのわずかの間です。なぜなら自由には責任が伴い、ぐずぐずするわけにはいかないからです。私の長い歩みはまだ終わっていないのです。(*Long Walk to Freedom*, p.625 邦訳は筆者)

　マンデラは1990年に釈放された後、翌年にアフリカ民族会議の議長に就任し、当時の大統領で白人のデクラークとともにアパルトヘイト(人種差別・隔離政策)撤廃に力を注ぎ、1993年にノーベル平和賞を受賞します。1994年に南アフリカ初の全人種参加選挙を経て、大統領に就任し、副大統領デクラークとともに民族和解政策に取り組みました。黒人と白人が共生できることを身をもって示したマンデラは、自由への長い道を生き抜き、人びとに愛され、2013年12月5日、95歳の人生を全うしました。

9 自立した市民を育てる教育
―― シチズンシップ教育

　〈シチズンシップ教育〉が、近年、欧米諸国を中心に学校教育で導入されています。シチズンシップとは「市民性」すなわち、「市民社会でどのように行動するか」を意味する言葉です。〈シチズンシップ教育〉により、国籍・民族という従来の枠組みを超えて、ともに生きる市民として共生していける「多文化共生」の心性を身につけた人びとを育てることができます。

　〈シチズンシップ教育〉が普及している背景には、市民社会で自律的に行動する力、すなわち、地域やより広い人とかかわる力、政治に興味をもち市民として行動する力、仕事をとおして社会的責任を果たしていく力を育まなければ、「多文化共生社会」を築くことはできないという危機感があります。

　英国は2002年、シチズンシップ教育を中等学校で必修化しました。英国では移民が急増し、移民が市民として受け入れられず、移民の疎外感が高まることへの危機感がありました。シチズンシップ教育の目的は、すべての人は社会の一員である「市民」であることを自覚させ、市民として社会に積極的に参加し、市民としての役割を果たしていく人を育むことです。社会や地域の教育力が強かった時代は、地域の行事などにこどもが参加する仕組みが作られており、こどもは地域の中で「市民」へと育っていきましたが、今は学校で教育しなければ「市民」の自覚が身につかなくなったのです。

　シチズンシップ教育が実際にどのように行われているのかを見てみましょう。英国南西部グロスターにある男子中等学校（中学・高校）クリ

プト校の生徒数約 20 人（白人が大半）のクラスで、ダイバーシティ（多様性）について学ぶ中学校の授業の様子です。

　　先生：「英国で移民が増え続けているのはなぜ？」
　　生徒：「ポーランド人は働き者だけど、自分の国では賃金が安く、
　　　　　英国ならもっと楽な仕事で多く稼げるから」
　　　　　「この国の法が安全なので来る人びともいます」…
　　先生：「では、多様性は良いと思う人は？」
　　生徒：（全員が手をあげる）
　　　　　「他国の新しい知識や文化を学べることは基本的に良いこと
　　　　　だと思います」
　　先生は一人ひとりの生徒の意見を聴くことを大切にしています。
　　　　　　　　　　　　　　　　　（2014 年 1 月 10 日付朝日新聞）

　「シチズンシップ教育」の必要性は日本でも、2013 年にまとめられた安倍内閣の教育再生実行会議の一次提言や、文部科学省の道徳教育の充実に関する懇談会の報告にも盛り込まれています。懇談会報告ではシチズンシップ教育を「社会の在り方について多角的・批判的に考えさせたりするような、社会を構成する一員としての主体的な生き方にかかわる教育」と定義しています。各学校でも、実践事例が報告されています（御茶ノ水女子大付属小学校、神奈川県立湘南台高校など）。
　これらの実践を重ね、若者のコミュニティとかかわる力、社会的責任を果たしていく力を育成していくことが、21 世紀の「多文化共生社会」日本を創っていくための私たち大人の責任です。
　2016 年 5 月 14 〜 15 日に G7（フランス、アメリカ、イギリス、ドイツ、日本、イタリア、カナダ）教育大臣会合が 10 年ぶりに岡山県倉敷市で開かれ、教育の果たすべき新たな役割についての G7 としての共通認識「倉敷宣言」が採択されました（http://www.mext.go.jp/component/a_menu/other/detail/__icsFiles/afieldfile/2016/05/15/1370953_01.pdf 参照）。倉

敷宣言では、「社会的包摂」「共通価値の尊重」の促進が強調されました。特に、人間の尊厳を損なうあらゆる暴力・差別を阻止し、共生社会を実現するため、共通価値（生命の尊重、自由、寛容、民主主義、多元的共存、人権の尊重等）に基づいて、教育を通じたシチズンシップの育成が必要であると宣言されました。文明間の対話、相互理解の促進、道徳心の醸成の必要性についての共通認識がもたれ、そのためのシチズンシップ教育の行動指針が示されました。シチズンシップ教育の重要性についての世界的な共通認識が倉敷で始まったことに、私は、日本がこれからの多文化共生社会に向けて、シチズンシップ教育に取り組んでいく責任を感じました。

10
日本の多文化共生政策——社会統合政策

　ニューカマーが定住するようになった地域では、外国人住民に対する施策や共生のための活動は、自治体や地域の国際交流協会、2001年に特定非営利活動促進法（NPO法）ができてからは、NPOなどが中心となって行ってきました。2001年には南米日系人が集住する浜松市において、第1回外国人集住都市会議が開かれ、自治体がイニシャティブをとって地域で顕在化しつつあるさまざまな問題に積極的に取り組んでいくことを宣言しました。「多文化共生社会をめざして～すべての人が互いに尊重し、共に支え合う地域社会をめざして～」という標語のもとに続けられてきた外国人集住都市会議は2015年現在、オブザーバーの2都市を加えると24都市が参加しています（第2章15参照）。

　このように多文化共生のための施策や具体的活動は、ニューカマーが定住する地域の自治体・NPO主体で行われてきましたが、2005年には、総務省に「多文化共生の推進に関する研究会」が設けられ、2006年3月にまとめられた報告書で、国レベルでの「多文化共生」に関する統一的方針が出されました（『多文化共生の推進に関する研究会報告書——地域における多文化共生の推進に向けて』）。この報告書で多文化共生は次のように定義されました。

　「多文化共生とは国籍や民族の異なる人々が、互いの文化的ちがいを認め合い、対等な関係を築こうとしながら、地域社会の構成員として共に生きていくこと」

　日本人住民も外国人住民もともに地域社会を支える主体であるという認識をもつことが大切だという主張が込められています。これまでの「外国人は支援を必要とする人」という〈パターナリズム〉の考え方か

ら、「ホスト社会とは異なる資源をもち、ホスト社会に住む人とともに社会を作っていく人」という〈エンパワメント〉の考えに転換することが主張されています。

　この考え方に基づいて、総務省は次の5本柱（Vは2007年の報告書）からなる「多文化共生推進プログラム」を作成しました。

I	コミュニケーション支援	地域における情報の多言語化 日本語および日本社会に関する学習の支援
II	生活支援	居住：情報提要による居住支援 教育：外国人児童生徒の公立学校受け入れ 労働環境：定住者の間接雇用への対処 医療・保健・福祉
III	多文化共生の地域づくり	地域社会に対する意識啓発 外国人住民の自立と社会参画
IV	多文化共生施策の推進体制の整備	地方自治体の体制整備 多文化共生推進プランの策定 地域における各主体の役割分担と連携・協働：NPO・NGO 国の役割・企業の役割
V	防災（2007・2012）	2007　防災ネットワークの在り方 2012　災害時のより円滑な外国人住民対応に向けて

　各自治体は、地域の国際交流協会や多文化共生にかかわるNPOと連携しながら、この指針に基づいて、各地域の実情に合った独自の多文化共生推進プランを策定し、実践し、振り返り、次の多文化共生推進プランにつなげるというPlan-Do-Seeの実践（ショーンによる「省察的実践」：ショーン，2007）を続けています。

11
日本の社会統合政策の課題
──移民統合政策指数（MIPEX）

　日本の多文化共生のための社会統合政策の今後の課題を考える上では、移民統合政策指数（MIPEX）が参考になります。移民統合政策指数は、EU市民以外の正規滞在外国人がどれくらい社会に統合されているか、すなわち、移民（外国人住民）の権利が保障されているかについての比較調査です（www.mipex.eu 参照）。

　2004年に、労働市場、家族結合、永住許可（定住）、国籍取得、差別禁止の5分野についてEU15か国のパイロット調査が始まりました。4回目の2015年度は、教育、健康、政治参加の3分野を加えた8分野について、すべてのEU加盟国（28か国）、オーストラリア、カナダ、アイスランド、日本、韓国、ニュージーランド、ノルウェー、スイス、トルコ、米国の38か国の比較が報告されています。

　表11-1は全体評価の結果です。1位、スウェーデンが移民の社会統合が最も進んでいる国であり、日本は38か国中28位、前回調査2010年では指数は38で、調査37か国中34位でしたから、移民（定住外国人）の社会統合はこの5年で進んでいると評価されています。

　表11-2は8政策分野別の指数です。38か国について報告されていますが、ここでは最も社会統合が進んでいるスウェーデン、多文化主義のカナダ、移民が作った国アメリカ・オーストラリア、ヨーロッパ主要国であるイギリス、ドイツ、フランス、アジアの国、韓国、調査国の中で社会統合が最も進んでいないトルコ（EU加盟を希望している）および日本について見てみます。

　報告書には調査各国についての結果と課題が書かれています。日本の結果と課題については次の点が指摘されています。

表 11-1　38 か国の移民統合政策指数　2015 年（全体評価）

順位	国	指数（前回との比較）	順位	国	指数（前回との比較）
1	スウェーデン	78　（0）	20	オーストリア	50　（+3）
2	ポルトガル	75　（+1）	21	スイス	49　（+1）
3	ニュージーランド	70　（0）	22	エストニア	46　（+1）
4	フィンランド	69　（+2）	23	チェコ	45　（+3）
5	ノルウェー	69　（-1）	24	アイスランド	45
6	カナダ	68　（-1）	25	ハンガリー	45　（+1）
7	ベルギー	67　（+2）	26	ルーマニア	45　（+1）
8	オーストラリア	66　（0）	27	ギリシャ	44　（-2）
9	アメリカ	63　（+1）	**28**	**日本**	**44**　**(+1)**
10	ドイツ	61　（+3）	29	スロベニア	44　（0）
11	オランダ	60　（-8）	30	クロアチア	43
12	スペイン	60　（0）	31	ブルガリア	42　（+3）
13	デンマーク	59　（+10）	32	ポーランド	41　（+5）
14	イタリア	59　（+1）	33	マルタ	40　（+2）
15	ルクセンブルク	57　（+2）	34	リトアニア	37　（+1）
16	イギリス	57　（-6）	35	スロバキア	37　（0）
17	フランス	54　（+1）	36	キプロス	35　（0）
18	韓国	53　（-1）	37	ラトビア	31　（+2）
19	アイルランド	52　（+1）	38	トルコ	25　（+1）

80〜100 好ましい　60〜79 まあ好ましい　41〜59 中間段階　21〜40 好ましくない　0〜20 非常に悪い

表 11-2　移民統合政策指数　2015 年（特定国の政策分野別評価）

国	労働市場	家族結合	教育	医療制度	政治参加	定住	国籍取得	差別禁止	総合
スウェーデン	98　(1)	78　(5)	77　(1)	62　(9)	71　(7)	79　(2)	73　(2)	85　(5)	78　(1)
カナダ	81　(5)	79　(4)	65　(4)	49　(18)	48　(20)	62　(16)	67　(8)	92　(1)	68　(6)
アメリカ	67　(12)	66　(14)	60　(8)	69　(3)	36　(22)	54　(25)	61　(11)	90　(2)	63　(9)
イギリス	56　(86)	33　(38)	57　(11)	64　(7)	51　(19)	51　(31)	60　(13)	85　(5)	57　(15)
ドイツ	86　(4)	57　(24)	47　(16)	43　(22)	63　(11)	60　(19)	72　(3)	58　(22)	61　(10)
フランス	54　(23)	51　(30)	36　(21)	50　(17)	53　(17)	48　(36)	61　(11)	77　(11)	54　(17)
オーストラリア	58　(19)	67　(11)	76　(2)	67　(4)	64　(9)	54　(25)	69　(5)	74　(13)	66　(8)
韓国	71　(11)	63　(18)	55　(13)	36　(27)	54　(15)	54　(25)	36　(25)	52　(24)	53　(18)
日本	65　(15)	61　(20)	21　(29)	51　(16)	31　(31)	59　(20)	37　(23)	22　(37)	44　(27)
トルコ	15　(38)	49　(32)	5　(37)	32　(28)	11　(36)	27　(38)	34　(27)	26　(36)	25　(38)

(　)は 38 か国中の順位

- 日本は長期的な社会統合政策面では、取り組みが遅れているのが現状。日本の社会統合政策は、欧米先進国よりずっと遅く2006年の自治体の多文化共生プランとして始まった。2015年現在でも、社会統合政策は、集住地域に住む、南米の日系移民の雇用と教育に限られており、日本と同じようにニューカマーが少ない中欧よりはやや進んでいるが、韓国を含む先進国と比べるとはるかに遅れている。
- 日本の外国人住民は、労働市場（15位）、医療制度（16位）では比較的よい状態にある。
- 外国人の3人に1人が技能実習のような非熟練労働者で、日本で生涯働くこと、家族をもつこと、住居をもつことはできない。
- 外国人の家族結合（20位）、定住（20位）は申請して認可が下りるという制度であり、国籍取得（23位）も難しい。
- 外国人住民のこどもの教育（29位）については、一部の私立の民族学校、インターナショナルスクールを除いて、特別の支援が与えられていない。
- 民族・人種・宗教・国籍で差別を受けても、裁判に訴えることはできず、MIPEX諸国でいまだに差別禁止法をもたない遅れた国の一つである。

　日本の社会統合政策は先進国の中で"一周遅れ"とも言われています。国際社会からの指摘を受け日本の現状を認識した上で、先進国の統合政策に学びながら、ひとつひとつ課題を解決し、多文化共生社会を創生していく具体的行動が求められています。

12
どのようなかかわりが「多文化共生」をもたらしますか？——接触仮説

　アメリカではリンカーン大統領の「奴隷解放宣言」（1862年）から100年を経た1960年代になっても、黒人や有色人種（マイノリティ）は、白人（マジョリティ）から〈差別〉されていました。交通機関（市バスなど）やレストラン、娯楽施設等の公共施設では、白人と有色人種が利用する場所を分ける人種隔離が一般的に行われていました。また公教育の分野でも白人と黒人の人種隔離が行われていました。

　人種隔離は「分離すれども平等」という考え方のもとで正当化されていました。そのため、小さい頃から白人は黒人と接触することがなく、黒人にかかわったことがないことで、白人のこどもたちに黒人に対する〈偏見〉が再生産され、黒人を〈排除〉する行動をもたらしていました。白人の黒人に対する偏見を減らすことは、黒人だけでなく、リベラルな政治家、良識ある一般白人市民にとっても大きな社会問題でした。

　1954年、アメリカの心理学者オールポートは、相手に対する知識の欠如が偏見形成にかかわっているために、異なる集団間のメンバー（ホスト市民である白人と黒人）が〈接触〉することで両者の理解や改善が促されるということに注目し、ホスト市民の〈偏見〉をなくすために、どのような相互作用が必要かを理論化した〈接触仮説〉を提唱しました。

　〈接触仮説〉によれば、異文化接触が効果的になり偏見がなくなるためには、以下の4つの条件が必要とされます。

1）対等な地位での接触であること
2）共通目標を目指す協働の活動であること
3）制度的支援があること

> 4）表面的な接触ではなく親密な接触であること

　すなわち、公教育という制度的支援のなかで、白人のこどもたちと黒人のこどもたちが、学びを目標として、時間をかけて関係を築いていくことによって、偏見がなくなり、理解が生まれるということです。この〈接触仮説〉は、それまで「分離すれども平等」という考えのもと〈人種隔離〉が正当化されていたアメリカに、「分離すれども平等」は偏見を生むという理論的根拠をもたらすことになりました。そして、人種差別撤廃に向けた公民権運動の原点となる「ブラウン判決」（1954年5月17日のブラウン対教育委員会裁判における判決）に結実しました。ブラウン判決では「私たちは公共教育の場における"分離すれども平等"の原則は成立しないものと結論する。教育施設を分離させる別学自体が本質的に不平等だからである」と述べられたのです。

　多文化の人びとがともに市民として生きる21世紀の多文化共生社会において、この〈接触仮説〉を理論的枠組みとした協働的まじわりが地域において行われるようになっています。協働的活動が、協働性、共感性をもたらし、多文化共生社会に結実していくことは、多文化共生にかかわるボランティア団体によって報告されています（第4章2参照）。

コラム ▶ 言葉に紡がれた「多文化共生」⑩

「私には夢がある」キング牧師

　第二次世界大戦における連合国の勝利は、日独伊という全体主義国家を打ち破り、世界に〈自由〉と〈平等〉をもたらしたはずでした。連合軍は敗戦国日本に「日本国憲法」（1946年）という理想的憲法を残し、中国、ソビエト連邦（当時）、イギリス、アメリカ、フランスが中心となって作られた国際連合は1948年、「世界人権宣言」を謳いあげました（第1章3参照）。

1963年、ワシントン大行進でのキング牧師

　しかし、リンカーン大統領の「奴隷解放宣言」（1862年）から100年を経た1960年代になっても、アメリカの南部の諸州では人種隔離政策が続いていました。黒人の参政権は条件付きでしか認められず、公教育の場・交通機関やレストラン・娯楽施設などでは、白人と有色人種が利用する場所は分けられていました。人種差別に起因するさまざまな事件や社会問題も生じていました。こうしたなかで、キング牧師（マーチン・ルーサー・キング・ジュニア）をはじめとする活動家の指導のもとに、黒人たちの公民権（参政権など）獲得を求める運動が起こってきました。〈自由〉と〈平等〉を求める運動は、白人過激派による暴力と南部諸州の政府による弾圧にさらされます。キング牧師の家には爆弾が投げ込まれ、キング牧師の勤める教会は放火されます。キング牧師は「暴力には魂の力で応える」と強い意志で指導を続けました。

　キング牧師の活動はしだいに人びとのこころを動かし、黒人公民権運動の山場である1963年8月28日、首都ワシントン大行進には25万人の人が参加しました。キング牧師はリンカーン記念堂の前で、「私には夢がある」（"I have a dream"）演説を行います。キング牧師の張りのある声が、

霊歌のような響きで、聴衆のこころを強く突き動かします。
　そして、ついに1964年公民権法が制定されるのです。

　　私には夢がある。いつの日かこの国が立ち上がり、「すべての人びとは平等に作られていることを自明の真理と信じる（アメリカ独立宣言）」というこの国の信条を真の意味で実現させること。
　　　　　　　　　　　＊
　　私には夢がある。ジョージアの赤土の上で、かつての奴隷の子孫たちとかつての奴隷所有者の子孫が同胞として同じテーブルにつく日がくること。
　　　　　　　　　　　＊
　　私には夢がある。いつの日か、すべての谷は隆起し、丘や山は低地となる。荒野は平らになり、歪んだ地もまっすぐになる日がくること。「そして神の栄光が現われ、すべての人びとがともにその栄光を見る」こと。
　　　　　　　　　　　＊
　　そして、このことが現実になったとき、自由の鐘を鳴り響かせるとき、すべての村、すべての集落、すべての州、すべての街が、自由の鐘を鳴らすとき、すべての神の子、黒人も白人も、ユダヤ人も異邦人も、プロテスタントもカトリックも、すべての人が手に手をとって、あの古い黒人霊歌、"ついに自由を得た！　ついに自由を得た！　全能の神に感謝しよう、ついに私たちは自由になった"をともに歌える日がやってくること。（http://www.fuchu.or.jp/~okiomoya/tenpushiryou/dream.pdf の翻訳を参考に筆者訳）

13
ボランティア精神とは何ですか？

　1995年の阪神淡路大震災では多くの市民が〈災害ボランティア〉として支援に参加しました。困っていない「市民」が、困っている「市民」に対して、自分のもてるものを「資源」として活動する姿が共感を呼び、広まっていきました。「困ったときはお互いさま」("today you, tomorrow me")という関係が築かれたところでは、安心が広がっていったと言います。日本ではそれまで〈ボランティア〉は特別な人が趣味的に行うものというイメージが強かったのですが、1995年の阪神淡路大震災をきっかけに、「自らの意思」で行う「自発的な行動」であるボランティアの有意義性に関心が高まり、1995年は〈ボランティア元年〉と呼ばれました。市民はそれぞれの「資源」をもつ存在であり、市民にボランティアができる環境を整えようという声が高まり、任意団体であった既存のボランティア団体に、「特定非営利活動法人」（NPO）として法人格を付与することが検討され、1998年に「特定非営利活動促進法」（NPO法）が実現しました。

　〈NPO〉とは内閣府ウェブサイトによれば、「Non-Profit-Organization」または「Not-for-Profit Organization」の略称で、さまざまな社会貢献活動を行い、団体の構成員に対し、収益を分配することを目的としない団体の総称です。したがって、収益を目的とする事業を行うこと自体は認められますが、事業で得た収益は、さまざまな社会貢献活動に充てることになります。1998年にNPO法が成立して以来、多文化共生社会の実現を目指すボランティア団体がNPO法人として活動できるようになりました。

　ボランティアは社会貢献を目指す活動ですから、個人の利益を追求す

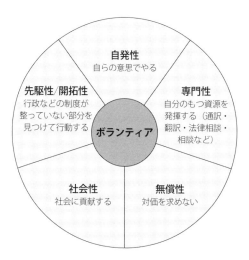

図 13-1　ボランティアのイメージ図

る行動を求める活動とは異なる「ボランティア精神」が求められます。「ボランティア精神」には**図 13-1**のような5つの心性が求められます。

　多文化共生にかかわるボランティアは、この5つの心性（自発性・先駆性／開拓性・社会性・無償性・専門性）を身につけた上で、外国とつながる人と日本人市民が、ともに「市民」として、安心して、楽しく、暮らせるようにするにはどうしたらいいか、どのような活動をすれば彼／彼女たちが「資源」として社会に貢献できるようになるかについて話し合い、行動していくことが必要です。そして多文化共生の活動の実践者には、行動をしながら、その行動を省察し、話し合いを重ねて、さらによりよい行動につなげていくという「省察的実践」（ショーン，2007）の精神が求められます。

14
外国につながる人たちは地域とどうかかわりたいと考えていますか？
―― ボランティア精神での交流

　多文化共生の地域づくりのためには、外国につながる人の生活上の問題点などを把握し、多文化共生施策に反映させ、外国につながる人が暮らしやすい地域づくりを目指すことが必要になります。私がかかわる立川市では、2001年より「立川市国際化推進委員会」を開催し、立川市の地域性を踏まえた独自のプランづくりについて検討を重ね、2005年3月に「立川市多文化共生推進プラン」を策定しました。その後、2010年には第2次多文化共生推進プラン、2015年には第3次多文化共生推進プランを策定し、「多文化共生」の地域づくりに取り組んできています。

　第3次多文化共生推進プランを策定するにあたって、立川市は2013年度に立川市在住外国人意向調査を実施しました（2014年『立川市在住外国人意向調査報告書』）。立川市には2015年の調査では、3298人の外国人が住んでいます。立川市の人口は約17万9000人ですから人口の1.8%にあたります。

表14-1　立川市の国籍別外国人数
（2015年）

中国	1,556
韓国・朝鮮	792
フィリピン	307
ブラジル	67
米国	109
その他	467
計	3,298

　調査結果から見えてきた「外国につながる人」が考えていること、見えてくる課題は次のとおりです。

1. 安全な環境があるから立川市に暮らしていること
2. 自治体の支援のもと、互いの文化を理解する活動（日本文化を知る

表 14-2 立川市在住外国人意向調査結果抜粋（複数回答）

- 立川市に住む理由
  1) 環境がいい（54%）　2) 交通が便利（49%）
  3) 買い物が便利（49%）　4) 治安が良い（31%）
- どのような情報が必要か
  1) 医療・病院の情報（45%）　2) 仕事の情報（43%）
  3) 文化活動やレジャーの情報（37%）
- 日本人との付き合いはあるか
  1) あいさつをする人がいる（70%）
  2) 立ち話をする人がいる（40%）
- 地域のどのような活動に参加したいか
  1) 趣味やスポーツの活動（49%）　2) ボランティア活動（26%）
  3) 母国の文化を広めるための活動（21%）
- 地域でどのような交流をしたいか
  1) 日本の習慣などを教えてもらいたい（43%）
  2) 趣味のサークルに参加したい（37%）
  3) 地域住民の人と親しくしたい（35%）
- 地域の避難場所を知っているか
  知っている（57%）
- 行政サービスの中で立川市に要望したいこと（5つまで選択）
  - 外国人住民と日本人住民との交流や相互理解の機会の提供（42%）
  - 制度やサービスを総合的に多言語で情報提供（30%）
  - 外国語で対応できる職員を増やす（30%）
- 日本の小中学校に要望したいこと（子どもがいる家庭）
  - 異なる国や地域や文化の学習（27%）
  - 教職員への多文化意識の啓発（23%）
  - 保護者への多文化意識の啓発（22%）

活動・自文化を伝える活動）がしたいと思っていること
3. ボランティア精神で日本人市民とともに交流する活動がしたいと思っていること
4. 日本人に多文化共生意識をもってほしいと思っていること
5. 自治体には、多言語（英語、中国語、ハングル、やさしい日本語）情報（医療、仕事、文化活動）の提供を望んでいること。

外国につながる人は、同じ市民として、日本人とボランティア精神にもとづいた交流を望んでいます。そのために、日本人市民が「多文化意識」をもってほしいと考えています。私たち日本人は、多文化についての知識をもち、多文化への寛容性を育み、多文化を背景にもつ人とともに行動し、多文化共生社会を創出していきましょう。

15
外国人市民はどのように多文化共生にかかわっていますか？

　2006年、日本は〈多文化共生社会〉に向けて、多文化共生を「国籍や民族の異なる人びとが、互いの文化的ちがいを認め合い対等な関係を築こうとしながら、地域社会の構成員として共に生きていくこと」と定義しました。そして、各自治体は、この定義にもとづいた多文化共生社会の実現に向けて、それぞれの自治体のニーズに合った方法で取り組んでいます。

　ここでは、1996年条例で「外国人市民代表者会議」を設置した神奈川県川崎市の取り組み、多文化共生推進プランに外国人市民がかかわっている東京都立川市の取り組みを見ていきます。

❖外国人市民代表者会議
　川崎市は工場が多くオールドカマーである在日朝鮮・韓国人が多く住んでいた地域である上に、1980年代にはニューカマーであるインドシナ難民、90年代からは南米日系人が住むようになりました。川崎市は、外国人市民の社会統合政策と向き合うなかで、行政主導型の「多文化共生」政策の問題点に気づいていきます。それは「地域の国際化に関するシンポジウム」での外国人の次のような問題提起によるものだったと言います。

　「私たちはいつもゲストスピーカーとして呼ばれる。発言の機会を提供してもらい、話を聞いてくれるのはうれしい。けれども、本当は、ゲストスピーカーではなく、企画の段階から参加したいし、外国人である自分たちでシンポジウムを企画・運営してみたい。また、私たちの発言がどのように受け止められ、政策にどう反映されるのか、そこが知りた

い。「いい話を聞かせていただいた」と言われるが、いつも言いっぱなし、聞きっぱなしではないでしょうか」（移住労働者と連帯する全国ネットワーク，2012，p.108）。

　当時、川崎市職員だった山田貴夫さんはこの発言を聞いて、当時の日本社会と外国人住民の関係性（双方が言いっぱなし、聞きっぱなし）の問題点に気づき、常にこの言葉を意識化し、外国人当事者の自主性を尊重することを目指した「外国人市民代表者会議」を1996年に設立しました。外国人市民と市長との対話の場がもたれるようになったことは画期的なことでした。外国人市民代表者会議は3つの特色をもちます。

1. 委員は外国人だけで構成し、司会進行を行い、市長への提言も外国人自身がまとめること
2. 行政の設置した研究者、市民団体代表による選考委員会の審査を受け、基本的には1年以上の居住者ならだれでも応募できる、という、地域で孤立しがちな"無名の外国人市民"の参加も可能にしたこと
3. 提言が「言いっぱなし、聞きっぱなし」にならないように、市側から進捗状況や実現できない理由を報告すること

　1996年度から2011年度まで、教育、情報、社会、福祉、国際交流、市政参加、防災等に関する38の提言が提出されたと報告されています。市長は提言を尊重し、全庁的な会議である人権・男女共同参画推進連絡会議で協議し、担当局を中心に施策に反映するよう、取り組んでいます。
　「外国人市民代表者会議」は公開されていますから、だれでも傍聴することができます。
　川崎市での「外国人市民代表者会議」が嚆矢となり、その後、外国人の多い自治体および多文化共生に取り組む自治体においても、外国人市民会議が開かれるようになっています。
　南米日系人を中心とする外国人住民が多数居住する都市を、外国人集

住都市といいます。「外国人集住都市会議」は行政ならびに地域の国際交流協会等で構成され、外国人市民にかかわる問題について検討する会議です。会員都市は、2015年現在、群馬県伊勢崎市・太田市・大泉町、長野県上田市・飯田市、岐阜県美濃加茂市、静岡県浜松市・富士市・磐田市・掛川市・袋井市・湖西市・菊川市、愛知県豊橋市・豊田市・小牧市、三重県津市・四日市市・鈴鹿市・亀山市・伊賀市、滋賀県長浜市・甲賀市、岡山県総社市の24都市です。これにオブザーバーの東京都新宿区・大田区が加わります。これらの都市でも地域外国人による市民会議がもたれています。

❖多文化共生プラン

　現在、地域の多文化共生プランは各自治体が独自に策定していますが、多文化共生推進プランの策定にあたっては、外国人市民と日本人市民が対等の関係で議論を重ね、施策の策定にあたるようになっています。たとえば、私がかかわる立川市では、多文化共生に関心をもつ外国人市民と日本人市民を一般から公募し、選考された外国人委員と日本人委員が「多文化共生推進プラン検討会議」をもち、1年間の議論を重ね、5年間の多文化共生推進プランを策定しています（第4章2参照）。外国人委員と日本人委員が対等な関係で議論を重ねるなかで、外国人市民の生活実態が明らかになり、具体的な解決策を考えることができるようになります。その議論の結果は、具体的なプランに結実していきます（立川市『立川市第3次多文化共生推進プラン』2015年6月）。

❖立川市多文化共生都市宣言

　2016年12月19日、東京都立川市は多文化共生都市宣言をしました。市民の陳情が立川市議会で取り上げられ、『多文化共生推進プラン検討会議』で議論され、市議会の審議を経て、宣言が行われました。

　　わたしたちは、国籍や民族や文化のちがいを互いに尊重し、共生

> する地域社会の実現を目指して、ここに立川市を「多文化共生都市」とすることを宣言します。
> 1　思いやりの心を持って、互いの文化を理解し尊重します。
> 1　国際的な視野を持ち、みんなで協力して、多文化共生のまちをつくります。
> 1　ともに地域社会の一員として、笑顔で交流します。
> 1　やさしい気持ちで人や文化を受け入れ、多文化共生の輪をひろげます。

　その後、立川市は「多文化共生都市宣言」をした市としての自覚のもとに、市民への啓蒙活動を続けています。

II

多文化共生のための実践

　第Ⅰ部では多文化共生を考えるための基礎知識を身につけました。その上で、第Ⅱ部では多文化共生のために必要な「対話」について考えていきます。第3章では、多文化との「対話」のための3つのレッスンを紹介します。このレッスンをとおして「多文化」と「共生」するために必要な判断留保力、傾聴力、対話力を身につけていきます。第4章では、「多文化共生」の対話を実践している留学生教育の実践例と、地域の多文化共生の実践例を紹介します。

第 **3** 章

「ちがい」を楽しむ
対話のワークショップ

「ちがいに気づく」レッスン
ちがいのちがい

❖「あっていいちがい」と「あってはならないちがい」

　世界人権宣言には、すべての人間が「尊厳」と「権利」について平等であり、同胞の精神をもって行動しなければならないと書かれています。そのために私たちは、その土台となる「気持ち」(他者への理解・共感・自己への信頼)の部分を固め、正しい価値観(正・不正、自由、平等)を身につけ、判断力をもって行動していかなければなりません。

　正しい価値観とは「あっていいちがい」と「あってはならないちがい」を見極めることのできる価値観です。

　人はそれぞれ、顔や身体の形、肌の色、生まれたところや家、性、民族、能力などがちがっています。ちがっているのは当然であって、ちがっていることがよいという価値観をもつことで、一人ひとりが他者と対話し他者から学び、より豊かに生きることができます。これは、「あっていいちがい」です。これに対し、基本的人権における不平等、国籍や民族による差別は、「あってはならないちがい」です。しかし、何を〈差別〉と考えるかは人によって考え方が違います。

　対話によって、「あっていいちがい」と「あってはならないちがい」について認識を深めていくワークショップに、「ちがいのちがい」というものがあります(以下、『新しい開発教育のすすめ方』pp.104-112より転載、一部改変)。

❖「ちがいのちがい」のワークショップ

　50枚のカードがあります。あなたは、次のようなちがいは「あっていいちがい」だと思いますか。「あってはならないちがい」だと思いますか。それはどうしてですか。あなたの考えを、言葉で説明してください。それとともに、他者がどう考えるかを傾聴してください。

❖ワークショップの進め方

所要時間：45分〜

進め方：

1. 5、6人のグループを作り、カードを配る。トランプの「神経衰弱」と同じやり方だと説明する。裏返して並べ、順番を決める。
2. 最初の人が2枚のカードを表に向け、声に出して読み上げる。そのカードの内容がどちらも、「あっていいちがい」もしくは「あってはならないちがい」であればカードを取ることができ、「あっていいちがい」と「あってはならないちがい」の組み合わせであれば、カードは元に戻して次の人と交替する。どうして「あっていいちがい」あるいは「あってはならないちがい」と考えるのかを言葉で説明する。この間グループの他のメンバーは傾聴する。グループで意見がまとまらない場合はカードを取ることができない。この要領でカードがなくなるまで続ける。
3. 終わったグループはカードを全部まとめて中央におき、「あっていいちがい」と「あってはならないちがい」に分ける。
4. 全員で「あっていいちがい」と「あってはならないちがい」に共通する特徴を考える。
5. 各グループの代表者がその特徴を発表し、シェアリングを行う。

　このワークショップでは、50枚のカードに書かれた現在存在する「ちがい」について、「あっていいちがい」か、現在はあるが将来はなくしていかなければならない「あってはならないちがい」かを考えま

「ちがいのちがい」カード一覧

1 先生はパーマをかけてもよいが、生徒はかけてはいけない。	2 大人はタバコを吸ってもよいが、高校生は吸ってはいけない。	3 ジョン君は肌の色が黒いが、トム君は白い。	4 伊東君は空手部の先生の言うことはよくきくが、家庭科の先生の言うことはきかない。	5 バレンタインデーで鈴木君はチョコレート10個をもらったが、佐藤君はもらわなかった。
6 丸井君はニンジンが嫌いだが、角田さんは何でも食べる。	7 高橋君は牛乳パックの回収に熱心だが、山本君はティッシュペーパーを使い放題だ。	8 習熟度別クラスで数学の得意な川口君は入試問題を解いているが、苦手な谷本さんは基礎問題を解いている。	9 田中さんは中学卒業後ガソリンスタンドで働いているが、山下さんは高校へ進学した。	10 Sレストランにはスーツを着ている人は入れるが、ジーパンでは入れない。
11 卓球部では上級生はそうじをしないが、下級生はいつもそうじをしなければならない。	12 東さんの家では必ず父親が先に風呂に入るが、西君の家では決まっていない。	13 国会議員は国会が開かれている間は逮捕されないが、一般の人は逮捕される。	14 大阪市では高さ80mのビルを建てることができるが、京都市ではできない。	15 日本に駐留する米軍基地の75％が沖縄にあり、京都には一つもない。
16 K会社の大石さんは九州支社へ単身赴任しているが、小川さんは家族と一緒に暮らしている。	17 衆議院議員選挙で神奈川14区では当選するのに57万票以上必要だが、島根3区では24万票で当選する。	18 東京都中央区では1DKの家賃が月10万円だが、大分県三重町では月5万円である。	19 内村さんの小学校は廃校になって、新しい小学校まで90分歩かなければならないが、外山君は小学校まで歩いて10分だ。	20 森山さんはどこへでも旅行できるが、車いすに乗っている林田さんは一人で電車やバスに乗ることができない。
21 日本で生まれた在日コリアンの朴さんは常に在留カードを持たなければならないが、イギリス生まれの日本人渡辺さんは持たなくてもよい。	22 琴奨菊には選挙権があるがモンゴル出身の白鵬にはない。	23 日系ブラジル人なら日本で働くことができるが、他のブラジル人は日本で働くことができない。	24 日本では食事のときに箸を使うが、インドでは指を使う。	25 イスラム教徒は豚肉を食べず、ヒンズー教徒は牛肉を食べない。

26 日本では自己主張をするとでしゃばりと非難されるが、アメリカでは自己主張をしないと低く評価される。	27 日本では留学生がアルバイトできるが、アメリカでは原則不可である。	28 日本には死刑制度があるが、フランスにはない。	29 韓国には徴兵制度があり男子は全員軍隊経験をするが、日本にはない。	30 A国では大統領を批判した本は発売禁止になるが、B国ではならない。
31 ニュージーランドのマオリは小学校でマオリ語を習うが、アイヌは小学校でアイヌ語を習わない。	32 10歳の安部さんは毎日小学校に行っているが、同じ歳のフィリピン人のオスカー君は毎日路上でガムを売っている。	33 日本人の平均寿命は80歳だが、シエラレオネの平均寿命は34歳である。	34 日本では医師一人あたりの人口は約500人だが、モザンビークでは約3万3000人である。	35 M中学校の名簿はすべて男子が先で、女子が後になっている。
36 N高校のマラソン大会で男子は30km走り、女子は15km走る。	37 国会議員は圧倒的に男性が多く、女性はきわめて少ない。	38 両親は妹には食事の後片付けを言いつけるが、兄には何も言わない。	39 女性は16歳で結婚できるが、男性は18歳にならなければ結婚できない。	40 テレビやポスターに女性の水着姿は多いが、男性の水着姿はほとんどない。
41 アルバイトと正社員では同じ仕事をしても賃金が違う。	42 女性専用車はあるが男性専用車はない。	43 韓国に永住する日本人には地方参政権があるが、日本に永住する韓国人には地方参政権がない。	44 アメリカではヘイトスピーチは禁止されていないが、ドイツでは禁止されている。	45 スウェーデンでは非正規滞在外国人も医療保険に入れるが、日本では入れない。
46 欧米では同性婚が認められるが、アジアの国で同性婚を認める国はない。	47 ドイツの小学校で学ぶ日本人生徒は日本語を選択する権利があるが、日本の小学校で学ぶドイツ人はドイツ語を選択する権利がない。	48 韓国の小学校で学ぶ日本人児童は日本文化の授業があるが、日本で学ぶ韓国人児童には、韓国文化の授業がない。	49 ドイツでは永住資格を取るのにドイツ語ができなければならないが、日本では日本語ができなくてもよい。	50 カナダ国籍の人が日本に帰化する場合はカナダ国籍を放棄しなければならないが、日本国籍の人は日本国籍を放棄しないでカナダ国籍をとることができる。

す。一人ひとりが意見を言うことによって、「対話力」「判断力」そして、「人間関係能力」を育むとともに、精神の自由を保障しつつ、よりよい社会を作っていくための地球市民としての責任を考えていきます。

　私は、地域の国際理解講座・大学の日本語教員養成課程の授業・留学生の日本語の授業で、このワークショップをやっています。留学生は日本文化の中で生活し「ちがい」を感じているからか、「あってはならないちがい」と「あっていいちがい」の判断が速いです。日本人大学生は、「そんなこと考えたことなかった」と言いながらグループの他者の意見を聞き、対話によって自分の意見を変容させていきます。

❖ ワークショップの様子

　「A国では大統領を批判した本は発売禁止になるが、B国ではならない」というカードへの反応です。

1. 日本人大学生

　　Aさん「私はいろいろな国があっていいと思います」
　　Bくん「でも、大統領を批判する権利はどの国にもあるのではないかなあ」
　　Cくん「批判した本が発売禁止になるというのはあってはならないと思う」
　　Dさん「じゃあ、今の中国などは本当はあってはならないとすれば、どうしたらいいのかな」
　　Aさん「難しい〜。でもあってはならないちがいなんですね」

2. 留学生（中国人とカナダ人）クラス

　　カナダ人女子学生「あったりまえだよ。あってはならないちがい。バカな国はあるけれど」
　　中国人男子学生「そうだね。あってはならないよね」
　　全員「はい、きまり」

こうして、ワークショップ参加者は、「あっていいちがい」は身体的特徴、好み、文化などであり、あってはならないちがいは生命・自由の権利における不平等であることに気づいていきます。

ワークショップを経験した日本人大学生には"ちがい"についての気づきを書いてもらっています。その一部を紹介します。

留学生の日本語クラスでのワークショップの様子

❖ワークショップ後の気づき

「"ちがいのちがい"のワークショップでは、実際に今日世界で起こっている"ちがい"について具体的にみて、自分で考え他者の意見を聞いたが、宗教・文化のちがいや見た目のちがい、好き嫌い、考え方のちがいなどは自由であるべきだという結論に至った。きっと私たちは異なっているからこそ、互いが互いに興味をもち、受け入れる姿勢になれるのだろう。無理に他者を自分たちの中に取り込もうとしてしまえば争いが起こってしまう。そうならないためにも直接、面と向かって話し合うことで"ちがい"について認め合うことが出来るのではないだろうか。ただし、命にかかわることや人権や平等な教育、医療などは違ってはならない」

「人にはそれぞれ"ちがい"があり、そのちがいがあるからこそ個性が生まれるのだと思います。しかし、ワークショップで考えて"ちがい"の中には、あってはいけないちがいがあることも改めて知りなおすことができました。これらのちがいの中には、私たちだけでは変えることのできないこともたくさんありますが、もし変えられるようなチャンスが訪れた際には、勇気をもって一歩踏み出せるような人に

なりたいです」

「ワークショップを終えて、人の"ちがい"は、あってよいものと、あってはならないものがあると再認識した。信仰する宗教がもたらすちがいや、身体的ちがい、文化（国）のちがいなどは、個を表現する上で、重要な"ちがい"であると考える。ここで違っているから、集まった時に新たなモノが生まれ、そして互いに足りないモノを補いあうことができるのだと思う。しかし、貧富の差や、偏った社会制度、差別や偏見などが生んだ"ちがい"は、一部の人々を苦しめる要因になり、あってはならない"ちがい"となる。"ちがい"を認め合うことは難しいけれども、理解しようと心を開く姿勢が、共生社会において必要だと考える」

「あっていい「ちがい」なのか、あってはならない「ちがい」なのか判断するのが難しい「ちがい」もあった。それはおそらく正しい価値観から自分がずれているからだと思う。あっていいちがいは、生まれつきのものなどで、あってはならないちがいは、人の生死や人権にかかわることだと思う」

「ワークショップをやってみて、今まで、あってもいい、仕方がないと思っていた事が、本当はあってはいけない「ちがい」であるということを初めて知りました。特に、平均寿命のちがいは、それぞれ環境も生活も違うので、仕方のない事だと思っていましたが、日本との差を考えると79歳と43歳では違いすぎるので、放っておくわけにはいかない、少しずつ改善していくには何が必要かといったことなどを考えさせられました」

2

「ちがいの意味に気づく」レッスン
レヌカの学び

　「レヌカの学び」は、原作者の土橋泰子さん、特定非営利活動法人開発教育協会が発行している「多文化共生と人間尊重を考えるカードゲーム」です。同協会のウェブサイト（http://www.dear.or.jp/book/book01_renuka.html）からダウンロードできます。

　「はじめに」には次のように書かれてあります。

> ●グローバルに生きる力をつけるために
> 　国際社会に出た時に自分を見つめ、自文化を語ることができること、それがグローバルに生きる力であると考えます。
> 　「レヌカの学び」は異文化を感じると同時に自文化を見つめはじめるきっかけを与えてくれます。ネパールという「国」ではなく、レヌカさんという「個」の視点で考えることによって、具体的な事象を通して、物事の本質が見えてきます。
> 　この教材では、レヌカさん一個人の言動や思いに添って、グループで話し合っていく過程を大切に考えています。話し合いの中で様々な意見が出てきたときに揺れ動く心の変容と向き合い、相手の意見に耳を傾けながら判断していく体験が、人間尊重の精神の基本になると考えています。そして、そこから見えてくる社会環境、生活環境、人間環境を通して、生活の充足とは何か、幸福とは何かについて気づき、考え、行動していくことができる内容を盛り込んで

あります。

● 作成の動機

「レヌカ」とはネパール人の女性の名前です。私が青年海外協力隊で派遣されたとき、配属先であるネパール公立聾学校の校長でした。彼女は日本の教育を学ぶために来日しました。そして日本で暮らすうちにネパールにいるときとは別人のように変わっていきました。

人は環境によって、行動や考え方を変えながら適応して生きつづけているのであり、そのことを個人ベースで理解し合うことが異文化理解の第一歩になるのではないだろうかと考えました。そして、「異質なことが作用しあって、融合され、新しい考え方が生まれる」ことを尊重し合うことができる楽しさを、より多くの人たちと一緒に考えていきたいという願いからこの教材を作成しました。

❖ ワークショップの進め方

所要時間：45分〜

進め方：

1. 4〜5人のグループに分ける。
2. 18枚のカードを並べる。
3. グループの中でまず1人がリーダーとなり、18枚のカードからペアになるものを1組選び、それが「ネパールにいるときのレヌカのこと」か「日本にいるときのレヌカのこと」か自分の考えを述べる。他者は途中で意見をはさまず傾聴する。続いて時計回りに一人ひとりが意見を述べる。最後にリーダーが決定する。
4. 時計回りにリーダー役が変わり、話し合いを続ける。18枚のカードすべてを分ける。
5. 正解であれば、裏返して組み合わせると、次ページの右下のように日本の絵とネパールの絵が完成する。

レヌカの自己紹介

カードを合わせて完成したネパールの絵（上）と日本の絵（右）

カードの内容

日本にいるときのレヌカ	ネパールにいるときのレヌカ
私の夢は主婦になることなの	私の夢は歌手・ダンサーになることよ
ろう学校の子どもたちは制服を着る子も着ない子もいるわ	ろう学校の子どもたちは毎日制服を着て学校に来るの
学校で食べ物を全員にくばるのよ	学校におやつや飲み物を持ってきて食べたり飲んだりする子もいるわ
私は朝ごはんを食べないこともあるよ	私は朝ごはんは必ず食べるわ
子どもたちはめったに遅刻はしません	子どもたちはよく遅刻をして来るわ
軽いカゼなら仕事に行くわ	軽いカゼでも仕事は休みます
学校では同年齢の子どもが集まって勉強するんです	学校では違う年齢の子どもがいっしょに勉強します
私は「遅寝遅起き」をするわ	私はご飯を食べる前にかならず手を洗うよ
子どもたちは手作りのおもちゃで遊んでいることもあるよ	野菜や果物を買うときはよく選んで買うわ

　私は、地域の年齢層が多様な国際理解講座、日本人の大学生への日本語教員養成の授業、および留学生の日本語教育でこの「レヌカの学び」をして、数年が経ちました。判断に迷うことが多いこの18枚のカードと真摯に向き合う過程を通して、ワークショップの参加者には、自分の判断を留保して他者の意見を傾聴する姿勢、すなわち相手の文化を認める姿勢が身についていくと感じています。

❖多文化クラスでの実践

　私は2015年、初めての試みとして、多文化の日本語クラスで「レヌカの学び」をやってみました。日本に来て1年6か月、日本語を勉強している日本語中級後半のクラスです。1年間、ネパール男子1名、スリランカ男子1名、ベトナム4名（男子2名・女子2名）、タイ女子1名、モンゴル女子3名、韓国女子1名、6か国合計11名の学生たちが、日本語を唯一の共通語として学び合いました。6か国の学生たちがいる利

点を生かそうと、授業の中で〈各国文化を学ぼう〉を目標に日本語で学び合う活動を行い、「ネパールの学び」でこのワークショップをしました（この多文化クラスについては、第4章1参照）。

　自分の文化と日本の文化のちがいを身をもって体験している留学生たちの意見は、自分の体験に根差していてとても興味深いものでした。

　たとえば、「野菜や果物を買うときはよく選んで買うわ」のカードでの話し合いです。

Aグループ
（モンゴル女子学生2名、日本人と結婚しているベトナム女子学生1名、ベトナム男子学生1名、スリランカ男子学生1名、タイ女子学生1名：計6名）
学生1（日本人男性と結婚しているベトナム人女子学生）「私はこれは日本にいるときのレヌカだと思う。日本人、本当によく選んで買います。どちらの店が安いか……、安い店に行くです」
学生2（スリランカ男子学生）「ぼくは、これはネパールだと思う。ぼくのおとうさん、買うときずっと選んでいる。なが～い時間選んでいる。さわったり、いろいろする。日本人は選ばない。もう値段で決まっているから」
学生3（ベトナム人男子学生）「そう。日本は値段が信頼できる。値段が高ければいいものだし、安ければそんなによくない。だから、自分で選ぶ必要ないと思う」
学生4（モンゴル人女子学生）「モンゴルで、おかあさんいつも選んでいた。ときどきへんなものも売っているから」
学生5（モンゴル人女子学生）「ネパールわからないけど、モンゴル選ぶ」
学生1「え！　難しい。日本人選ぶと思いましたが。私、日本に来てからスーパーいろいろ選んでるけど……」
最後に、彼女は納得して、このカードをネパールに分けました。

Bグループ
(ネパール男子学生1名、ベトナム男子学生1名、ベトナム女子学生1名、モンゴル女子学生1名、韓国女子学生1名：計5名)
学生1（ネパール男子学生）「ネパールでみんな選ぶ、でも人によってちがうけど。さわったりして楽しんで選ぶ人たくさんいる」
他の学生たち「そうなんだ……」

このように、どのカードについても、自国の文化と日本での体験を深く考察する話し合いが続きました。多文化クラスでも、このワークショップが有意義であることがわかりました。グループの皆で深く思考した後、カードを裏返しましたが絵は完成しませんでした。「自分たちの考えが違っていた」ことに気づかされた学生たちは、その後、教師からなされた「レヌカさんの考えかた」を真剣に聞いていました。「そうか。そういう意味があったのか」と。

❖ カードの解説

教材には「カードの解説」が付いています。なるほどと思う解説が少なくありません。ここでは2つを載せますが、ぜひ教材を参照し、すべての解説を読んでみてください。

> **「軽いカゼでも仕事は休みます」**（ネパール）
> 　ダランの学校の職員は、熱もなくだるさもない状態で「ゴホン」という咳をしただけで早退してしまいました。その理由は二つあります。一つ目は最高気温40度の暑さが半年続く雨季と最低気温5度まで下がる乾季という気象条件です。もちろん冷暖房はなく、無理をすれば体力の消耗が激しくなります。二つ目は、薬代や診療代が高額なのでカゼが悪化しないうちに治したいという気持ちです。それゆえに、人にうつしてはいけないという心遣いもあります。

> 「軽いカゼなら仕事に行くわ」(日本)
> 　一方、レヌカが日本滞在中38度近くの熱を出しました。同じ職場の人たちは解熱剤を飲んだり、激しい咳が出ていてもマスクをしたりしながら出勤する姿を見ていたので、レヌカも出勤しました。同僚から「これ、よく効く薬だから、これ飲んでがんばってね」と励ましてもらいましたが、西洋医学よりも祈祷師のおはらいによる治療を信じているレヌカは、薬は飲まずに勤務を続けました。

❖日本人への国際理解講座での実践

　私は地域の自治体(立川市)の市役所職員への多文化共生職員講座、および自治体主催の多文化共生・国際理解講座「多文化共生」の講師を務めています。市役所職員研修の講座は20～60代まで、市民の参加者は10～70代までと多様です。講座のなかで多文化共生のワークショップ「レヌカの学び」を

市民のための「多文化共生・国際理解講座」での「レヌカの学び」ワークショップの様子

行っています。他者に向かって自分の考えを述べ、他者の意見を傾聴し、自分の意見を変えていく体験(他者の尊重と相互交流の体験)は参加者にとって新鮮で実りが感じられるもののようです。

　以下に、市役所職員研修の事後調査アンケートの結果(一部抜粋)を記します。

Q. 他者を尊重することの大切さについてどう感じましたか
・自分では思いつかなかったこともたくさんあり、他者を尊重するこ

とが非常に大切であることを再認識した
- 自分の思い込みをおしつけるのではなく、他者の意見に耳を傾けることで新しい発見が生まれることに気づきました
- 異なる価値観や文化を持つ人たちと共に生きていくために、相手の意見をまずはきちんと聞き、相手の考え方を理解していくことが大切だと思った
- 他の人の意見を聞くことで気が付かなかった点に気が付くことができたので、意見が違っても尊重し、耳を傾けるべきだと思いました
- 自分の考え方を他者に押し付けるのではなく、認めることに気づかされました
- 尊重は知ることから始まることを実感した
- 自分の知らないことを知っている……あるいは考えていることはとても大きなことだと思います
- 日本人は「他者と同じ」ということを重視しがちなので、様々な個性を尊重することは重要だと思う
- "Yes, or No"で聞くよ！という姿勢でいてくれる相手とはとても話しやすい。姿勢一つで他者を尊重することはできると学びました
- ワークショップの中で他者の意見は聴くであり、聞くではないことを再認識させられました
- 対外国の方だけでなく、日常生活においての対友達、対窓口のお客様にも言えることだと思いました
- 人はそれぞれ考え方が違うため、まずはその人を尊重し、意見を聞き入れること、そのことが、自分自身の価値観をも変えられること

Q. 相互交流の大切さについて
- 相手のことを知った気でも、相手からすれば全然理解してもらっていないと思うことも多いと思う。またその逆も然りで、交流することでお互いのことをより細かく理解できると思った
- 知識として知るのではなく、実際に交流しないと本当の相手国や文

化は見えてこないということ
- 自分の知らない世界を知ることで、自分の住む世界のことを客観的に見つめ直し、それまで気づけなかった良いところも見つけられるということ
- 自国が持つ常識や習慣と他国のそれとの違いを知り、認め合うためにも、様々な文化を持つ人と積極的に付き合っていく必要があると感じた
- 相互交流を行うことで、個々の文化の共存ではなく、一つの社会として共生することが大事と知りました
- 人はさまざまな考え方を持っていて、その考え方が自分と違っていたとしても、間違いではないということに気づかされました
- 知って認識して、さらに、その差異を認容するのは相互交流であると感じた
- 交流することにより相手を知ることができ、お互いに生きやすくなる
- 異文化を理解することが世界の平和につながるのではないか
- 敵対心が仲間意識に変わることもある
- わかりあおうとすることが大切
- 発想や着眼点の違いを知るきっかけとなるため、相互交流は大切だと考えます。自分だけでは気が付かないこと、気が付けないことを学べると思うので
- 一つの結論に対する背景・理由について考えることだけでも、違った考え方を理解することが可能なツールなのだと感じた
- まずは、差別、冷遇されている人、困っている人が実際にいるということに気づかされた

3

「文化のちがいの意味に気づく」レッスン
カルチャーアシミレーター

　日本語学校や地域の日本語教室には、さまざまな文化的背景をもつ人たちが集まってきます。そこにかかわる日本語教師は、学生の行動の〈解釈〉〈意味〉をめぐって、思い悩み、話し合います。しかし、具体的な学生の行動をどう受け止めるかには、その学生との相性や教育上の経験、異文化の受け止め方のちがい、感情の動きもあるので、その学生にかかわる教師同士でオープンに話し合うのは、たやすいことではありません。

　話し合いにより、よい結果がもたらされるには、教師相互の信頼関係が育ち、お互いに自己開示ができる関係でなければなりません。「こころの壁とは——ジョハリの窓」（第2章3参照）でみたように、自己開示には自己開示によって生じる「そんなはずはない」という負の感情を受け入れなければならないという危険も伴います。文化的背景の異なる留学生の行動の〈解釈〉〈意味〉を考えるには、今、各教師が取り組んでいる具体的事例にあたるよりも、一般的な事例を用いて、行動の受け止め方についてワークショップ形式で意見を出し合う方法が有効であることが報告されています。

　文化のちがいから来る行動の「意味」に気づいていくレッスンに、「カルチャーアシミレーター」があります。assimilate とは「同化する・文化を受容する」という意味で、assimilator は「同化する物・文化を受容するもの」という意味です。カルチャーアシミレーターは、「異文

化同化訓練」です。

　文化のちがいが原因で起こったトラブルやカルチャーショックの事例をエピソードの形でまとめ、その原因や解釈、登場人物の心情などを選択問題形式で紹介します。参加者はエピソードを読み、どの解釈をとるかを考え、話し合います。その後、解説をとおして、その行動の意味や解釈についてこれまでの自分の狭い枠組みでの考えを深め、行動の意味を受け入れるようになるとともに、解決方法を学びます。

　ここで紹介するカルチャーアシミレーターのうち、ケース1～4は学生の文化的背景のちがいからの行動の意味を考えるもので、インターネットのウェブサイト（http://www.geocities.jp/iwat33jp/CriticalIncidents.htm）から引用しました（花田敦子作、一部表現を補足）。
　ケース5～8はカルチャーアシミレーターをより広くとらえ、一人ひとりの学生の学習行動の心理学的意味を考え、それに適した教師の行動を考えるもので、私が作成しました。

カルチャーアシミレーター

> **ケース1**　日本語教師のAさんは中国人の多い進学クラスを担任し、それぞれの学生に合った進路を選ぶのに苦労しましたが、やっと全員落ち着くことができました。Aさんは学生が合格が決まったときに挨拶に来てくれるものと期待していたのですが、まったく誰も挨拶に来ませんでした。修了式のときも数人が「お世話になりました」といっただけで、他の学生はにこにこするだけでした。一生懸命指導したのに拍子抜けして、次回はあまり気を入れて指導しなくてもいいのかなと思ったりしました。
> 　　　　　　　　　　　　　　　　　　　　　　　　（花田敦子 作）

Q. なぜ学生は挨拶しなかったのでしょう。
1. はっきりは言わないが、Aさんの指導に多少の不満を持っていた

から。
2. 学生は社会経験も少なく、まだこどもなので挨拶の仕方をしらないから。
3. ことばで謝意を表すとかえって表面的になるという母国の文化から。
4. 母国に「お世話になりました」に相当することばがないから。

解説

考えられる答えは3です。2の要素も考えられますが、文化の差異という面から言うと、中国の学生が多いということから、あまりはっきり言葉に出したり、仰々しくことばでお礼を言うよりも後日何かあったときにお礼をするのが好まれるようです。ですから言葉で言わないからといって感謝していないわけではなく、心では深い謝意を感じています。何かあったときには恩義を返すつもりでいます。人間的つながりが深くなればなるほど、恩義を返す時間的間隔が長くなり、家族だと一生のうちに、親しい友人だと数十年のサイクルでいつかお礼をしようと心に貯めています。逆にあまりすぐお礼を返すと自分との関係を終わらせたいのかと受け止められるようです。日本では気持ちは言葉に表し、お礼の時間も短く、前にあったことのお礼を再度言うことに留学生はとまどいます。

アドバイス

同じアジアでも謝意の表し方や感情の表現方法は微妙に違います。一方的に判断するのではなく、相手文化の深層がどのようなものであるか推察する工夫も必要になってきます。留学生は逆に日本での謝意の表し方や感覚を理解し、生活に役立ててください。

＊

ケース2 Cさんは日本語教師です。クラスを担当して一年が終わったので、学生を自分の家に招待しようと思いました。学生に聞

くとみんな「来る」と言ったので、人数分食事を準備しました。しかし、当日になって予定の3分の2の学生しか来ず、来ない学生に連絡すると「今日は用事があります」とか電話に出ない学生もいました。招待されて連絡もせずに来ないのは失礼な感じがして、Cさんはがっかりしました。

　桜の季節に花見に行こうと誘ったときも、来た学生は一人だけでした。どうして来ないのかCさんは理由がわからず、自分が嫌われているのか、誘い方が悪かったのかと悩みました。（花田敦子 作）

Q. なぜ学生は来なかったのでしょうか。
1. 学生は自由に行動することに慣れているので、約束をしたという意識がないから。
2. 先生に誘われて断るのは失礼になると思って、「行けない」と言うことができなかったから。
3. 学生は忙しくて約束を忘れるので、Cさんが再度来るかどうか確認すべきだった。
4. 学生の母国の文化では行きたい人が行けばいいし、必ず行く必要がないから。

解説

　場合によりけりですが、学生が中国やアジア系の場合、2の可能性があります。先生に直接「行けません」というのは勇気がいるので、はっきり断らない場合があります。そんなときははっきりと「来るといった人は必ず来てください」とアナウンスするほうが確実です。また、母文化によっては（ブラジルなど）「行く・行かない」の意思表示がおおらかで、そのときの気分で行っても構わない文化もありますから、来ないからといって残念に思ったり、怒ったりするのは避けたほうがいいでしょう。

アドバイス

　原因は複雑で学生の年齢、性格、社会経験、母文化など様々です。一つの原因と断定せず、そのときの相手に聞いてみるのがいいでしょう。

　留学生は、日本では食事の用意など準備を必要とする会への参加や、仕事の出欠に関しては厳しいので、行くと行ったら行くべきで、行けなくなったら必ず相手に連絡して、いけない理由を言ってください。そうしないと信用をなくしますから注意しましょう。

＊

ケース3　E君は中国から来た留学生です。日本の生活にも慣れ、日本人の友達もできました。あるとき、どうしてもお金が足りなくて、親しい日本人の友達に5万円貸してくれるように頼みました。しかし、友達は「お金の貸し借りはしないことにしてるんだ」と言って、まったく貸す気がないようでした。信頼していた友達に裏切られたようで、E君は日本人が本当に表面だけの冷たい人間だと思うようになりました。

　そういえば、母国では友達同士でも手をつないだりするのに、日本では同性で手をつなぐ風景は見たことがないし、抱き合ったりしているのもあまり見かけません。母国ではもっと自然に恋人同士も手をつないだりするのに、これは日本人が本当は冷淡で人間関係が薄いからだと思って日本人とつきあいたくなくなりました。

（花田敦子 作）

Q. どうして日本人はお金を貸さなかったのでしょうか。

1. 日本人はE君のことを遊びの友達としてつきあっていて、本当の友達だと思っていないから。
2. この日本人は全くお金を持っていなかったので、それが恥ずかしかったから、貸さないと言った。
3. 日本人は人にお金を借りたり、手をつないだりするのを恥ずかし

いことだと思っているから。
4. お金の貸し借りをするとお金のトラブルで友人を失うから、親しい人には貸し借りをしないほうがいいと考えているから。

解説

　この場合、一番考えられるのは4です。日本ではお金のトラブルで親しかった友人をなくしたという話が多いため、こどものころから「お金の貸し借りは親しい人とはしないほうがいい」と教えられて育ちます。もちろん1の可能性もありますが、可能性としては低いです。親しいからこそお金を貸さないという考え方です。だからといって人間関係が薄いとは限りません。心では大事に思っているのです。
　身体接触に関しては国によってさまざまですが、日本は確かに接触が少なく、人前で接触するのを恥ずかしいと感じています。しかし、嫌いなわけではありません。接触が日常的な国から見ると、なんとも冷たく感じるようです。人との対話距離も欧米人や中国の人より日本人は遠いようです。

アドバイス

　留学生は母文化のものさしでものごとを見ますが、目に見えないことこそ違っていて、誤解の原因になります。嫌いになる前にどうしてそうなのか、第三者や日本に慣れた先輩や先生に相談するのもいいでしょう。逆に日本人は外国人から見るとどう思われるのかについて、もっと意識的になる必要があるとも言えるでしょう。

＊

ケース4　Aさんは初めてアメリカから来た学生の漢字クラスを受け持ちました。非漢字圏の学生は初めてではありませんでした。いつもどおりに読み書きの宿題を出しました。すると、2週間目にある学生が宿題に関してクレームを出しました。「先生の出す宿題

に自分は３時間の時間を要したが、あまり意味がなく、効果も少ない。なんとかもっと意味のある宿題にしてもらえないか」という内容でした。学生から授業のやり方や宿題についてクレームを受けたり、評価されたことがなかったのでAさんはショックで授業を続ける自信がなくなってしまいました。　　　　　（花田敦子 作）

Q なぜ学生は宿題にクレームを出したのでしょう。
1. Aさんの教材に関するクラス全体の不満を代弁したかったから。
2. クレームをつけた学生がたまたま、わがままな学生だったから。
3. 違うことが良しとされるので、自分の努力を教師に印象付けたかったから。
4. 母国の習慣に従って、自分に合った教材を希望する意見を率直に言ったから。

解説

この場合、最も考えられる答えは4です。3も考えられますが、非漢字圏の学生は初めてではないということなので、考慮してあったと考えると、やはりアメリカ社会での風土を理解していれば、このような光景は日常茶飯事であると軽く受け止められることでしょう。アメリカでは教師を学生が評価するのは自然なことで、良くても悪くても意思表示をはっきりします。日本人の教師は評価されることに慣れていませんが、文化によっては評価することが自然なところもあります。

アドバイス

文化によって意思表示する学生とそうでない学生がいます。どちらにしても教師は常に学生の反応を見たり、学習目標や方法について意識して説明する必要があります。クレームがあっても、努力を惜しむ内容であれば教師からよく説明して努力が必要なことを納得させる方法もあります。努力を避けているわけでなく方法に関して改善を求めているよう

なら他の学生の意見も参考にして負担と効果（学習目標）を考慮した適切な教材に作り変える必要があるでしょう。

＊

> **ケース5** Dさんは、初めて非漢字圏の学生で勉強の習慣がついていないクラスを担当しました。スリランカ人、ベトナム人からなる15人のクラスです。学生たちはみんなスポーツ（スリランカ人はクリケット、ベトナム人はサッカー）が大好きですが、勉強は好きではありません。1年以上日本語を勉強していますが、家で学習する習慣がついていない学生が半分います。「文型」について先生の説明を聞き、その文型を使って自分で文をつくって習得していくという学習スタイルになじまず、わからないことがあると、すぐシンハラ語（スリランカのことば）で話しだします。「授業中はシンハラ語で話しません」と言っても、一番日本語が苦手な一人のスリランカの学生は、「わからないことは日本語で話せません。日本語が下手ですから。友達にシンハラ語で説明しています。それがわからない。先生は冷たい」と言って、聞きません。シンハラ語で話せないとなると、ふてくされたように、すぐ寝てしまいます。そうするとほかの学生もつられて寝てしまいます。

Q. Dさんはこの学生に対してどのような行動をとったらいいでしょうか。

1. 権威をもつ校長先生から「勉強しないなら帰国しなければならない」と注意してもらう。
2. シンハラ語で話し続けている間は授業を進めず、彼が静かになるまで待つ。
3. 教師説明中心の授業スタイルをやめ、活動（読む・聞く・話す・書く活動）を中心とした授業にする。
4. その学生のためにもう一人の教師が入り込み授業をして、学習を支える。

解説

　この場合、最もよいと考えられる解決策は3です。机の配置をロの字型にするなどして、常に参加意識をもたせることが有効でしょう。そして、活動がうまくいったときに、その結果について、情報的フィードバック（こういう点がよかった、この文型が正しく使えているなど）を与え、自信をつけていくことが大切です。それと同時に、一方で1の方法も必要でしょう。「勉強のために来日したのだから、勉強しなければ帰国しなければならない」ということを、学校全体で指導していく必要があります。スリランカは権威を大切にしますから、権威をもつ校長先生から話してもらうことは、効果があります。4の方法は、長期的に見たら有効ではないでしょう。それよりも、クラスの人数を減らして、1人の教師が学生全員に責任をもてるようにするほうが効果的でしょう。

アドバイス

　文化によって学習スタイルにちがいがあります。また文化によって、人間関係の距離の取り方にもちがいがあります。また、言語によって表現するかどうか、感情を表すかどうかにも文化差があります。エドワード・ホールによれば日本は高テキスト文化で言語で表現するのではなく、察し合う文化です。これに対し、スリランカは感情を表現し、言語で表現しようとする文化です。そのことを知った上で、まずは相手の文化を認めながら、日本の文化を伝え、日本人の行動様式の意味を伝えていくことが必要でしょう。学習習慣は来日の早い時期につけるように指導することが有効です。

＊

ケース6　Eさんは、初級クラスの非漢字圏クラス、学生はモンゴル人、スリランカ人、ベトナム人の17人のクラスを担当しています。学校の規則で、授業中は携帯電話を使ってはいけないことになっているので、授業開始前に、携帯をかばんにしまうように指示

します。ところが、一人のスリランカの学生はその時はしまうのですが、Eさんが黒板を向いたすきを狙って、携帯をズボンの上に取り出してしまいます。最初の頃、Eさんはこの学生にちゃんと指摘できず、使っているのに気づいていながら注意できませんでした。そのうち、いつも机の下で操作している様子なので「これはまずい」と思い、注意するようにしました。注意すると巧みに携帯電話をしまい、「え、見てない！」と主張します。Eさんは学生を疑ってばかりいるのもいやなので、引き下がり、授業を続けますが、怪しい手つきが気になって、イライラしてしまいます。Eさんは、新出語彙について、辞書がなくてもわかるように、日本語でわかりやすく説明しているつもりですが、この学生はわからないと言います。「意味がわからないから、携帯電話を使います。意味を調べます」と言って、聞きません。他の先生に聞くと、他の先生の授業の時は携帯を使っていないと言い、Eさんは最初の頃に自分の指導が甘かったからだと思い、どうしたらいいかと悩んでいます。

Q. Eさんはこれからどうしたらいいでしょうか。

1. この学生が授業中に携帯電話を使った時点で規則に違反したからと言って取り上げる。
2. このクラスにかかわる他の教師全員と話し合い、携帯電話についてのこのクラスの規則を検討する。
3. 「他の先生の授業の時は携帯を使っていないのに、なぜ私の授業の時に使うのですか」と聞いて、この学生と話し合って、自分の気持ちを伝える。
4. 最初の指導につまずいたので、今期はあきらめ、これ以上この学生との関係が悪くならないようにする。

解　説

この場合、最もよいと考えられる解決策は2です。学生の行動を個人

的に受け止め悩むのではなく、このクラスにかかわる他の教師全員と話し合い、このクラスに合った対策を検討する必要があります。使ったから罰として取り上げるという罰則の考え方は良い結果をもたらしません。クラスによっては、「みなさんが授業に集中できるように環境整備として携帯を集めます」と言って、授業の最初に携帯をボックスなどに回収する方法が効果がある場合もあります。この方法では、学生と教師が納得していることが大切です。そしてクラスにかかわる教師の間で方法が違っていると、いくら一人で頑張っても効果はありません。教師全員が一致して、日本語の学習がよくできるように取り組んでいるということが、学生たちに伝わることが大切です。

　3の方法は一見よさそうですが、有効ではありません。なぜなら、「他の先生の授業の時は携帯を使っていない」というのは事実かどうかわかりませんし、「なぜ私のことを信頼できないの」という裏のメッセージが伝わる可能性があるからです。自分のなかの「ひがみ」のメッセージとなりやすいので、もっとオープンな方法でなければなりません。4の考え方は間違っています。教師が率先して「過ちがあったら認め、より良い方法に改善していく」姿勢を伝えることこそが大切です。

> アドバイス

　クラスにかかわる教師間の信頼関係と協働は何よりも大切です。学生の行動を個人的に受け止め悩まないで、教師同士がこころの窓をひらいて対話を行いよりよい方法を考え、それまでの方法を変えるなら、そのことを学生に伝え、謝るところはさわやかに謝り、よりよい方法に改善することが大切です。このような「成長する教師」「学び続ける教師」の姿を伝えることは、学生の学びのロールモデルとなります。教師の学び続ける姿は、姿勢反響を呼び、学生に「あの先生のように私も学び続けよう」という行動をもたらします。

＊

> **ケース7** 　Fさんは、初級クラスの非漢字圏クラス、学生はタイ人、モンゴル人、スリランカ人、ネパール人の15人のクラスを担当しています。家で予習、復習する時間がない学生が多いようなので、担当する教師で話し合い、授業中に覚えられるように、クイズ形式のテストを行い、合格点に達しなければ、合格点に達するまで再テストをするという方針を立てました。
>
> 　何人かはこの方法が効果的でよく漢字を覚えるようになりましたが、数名の学生は、テストの度にお互いにテストを見せ合って「協力」するようになりました。「カンニングです」とその学生たちに注意すると、「私の国ではグループで助け合って勉強している。そのほうが楽しく学べます」と言います。Fさんは担任の先生に相談しました。担任の先生は「私の時間はカンニングしませんよ。必ず注意してください」と言いました。Fさんは学生に注意しましたが、態度は変わりません。定期試験ではないのであまり厳しく注意するのも学生の反発をかうと考え、大目に見ることもあります。Fさんは、自分の指導力に自信を失っています。

Q. Fさんはこれからどうしたらいいでしょうか。
1. 学生同士でテストを見せ合えないように、環境を整備したり座席を工夫する。
2. 担任の先生に正直に打ち明け、担任の先生からこの学生にカンニングをやめるように話してもらう
3. 見せ合った学生の点数を両方とも0点にする。
4. 見せ合う学生にクイズをするのはやめて、正解を与えて練習の時間にする。

解　説

この場合、最もよいと考えられる解決策は1です。見るという習慣が

身についてしまっていて、意志力で抑えられないなら、まず、道具を使って、見られない状況を作ることが有効です。そのうち、テストは自分へのフィードバックであることを受け入れられるようになり、自分で勉強する習慣が少しずつついていきます。その時をとらえて、教師は、「よくなった！」とほめることです。これを「情報的フィードバック」と言います。「情報的フィードバック」はやる気を高めることが確かめられています。教師は環境を工夫して、学生のよい行動を導き、それを見守って、育てていくことが大切です。3は、罰を与える方法で、「制御的フィードバック」と呼ばれ、学びにはつながらないことが報告されています。この場合、「日本では試験は一人でやる」という態度を育成しなければならないので、4の方法は有効ではありません。

アドバイス

不正行動が起こらないように環境を整えることも教師の大切な仕事です。カンニングを見つけて、得意そうに罰する教師がいますが、何よりも大切なことは不正行動の防止です。不正行動が生じるすきを与えない環境づくりが不正行動を防止し、正しい行動へと導いていきます。

＊

ケース8 Gさんは、上級の漢字圏クラス、学生は中国出身17人、台湾出身3人の進学クラスを担当しています。学生たちは、大学院・大学への進学を考えていて、多くが積極的に学習しています。今期の目標はコミュニケーション力の向上ということで、インタビューやディベートなどクラスで協働形式で学ぶ活動が多くあります。活動はグループダイナミックが働きやすいように、4,5人のグループで行いますが、日本語で話すようにと言っても、どうしても母語使用が多くなってしまいます。「日本語で話します」と何度注意してもあまりききめがありません。また資料を調べるために、携帯の使用を許可していますが、インターネットで調べたこと

をそのままコピペする学生もいて、このような活動の効果について Gさんは疑問をもっています。また大学入試などで休む学生もいて、グループ活動が成立しないときもあります。教師間で話し合ったのですが、考え方は教師によって違っていて、活動について統一した方針をもつのは難しいようです。Gさんはディベートなどの活動について疑問をもっており、前向きに取り組めません。

Q. Gさんはこれからどうしたらいいでしょうか。

1. 教師同士で話し合い、調べるための携帯使用についての規則、母語使用の規則を徹底する。
2. すべてが中国語を母語とするクラスで母語使用を禁止するのは難しいから、話し合う過程での母語使用はある程度許可し、原稿は日本語で書き、発表は日本語でするという目標を明確にする。
3. 教師のビリーフ（教授・学習に対する考え方）が揺れているために成果があがりにくくなっているのであるから、コミュニケーション力向上のためには、コミュニケーション活動が不可欠だというビリーフをもち、教師はそのためのファシリテーターに徹する。ディベートの形式は、出席した学生の人数に応じて臨機応変に対応する。
4. ディベートなどのコミュニケーション活動は全員で取り組まなければ意味がないので、このような入試の時期に取り組むのは難しいことを提案し、クラスの状況に合った授業内容に変更する。

解 説

この場合、最もよいと考えられる解決策は3です。上級のクラスで意見発表力をつけていくためには、ディスカッション、ディベートなどのコミュニケーション活動が有効です。また、コミュニケーション活動は臨機応変に変えていくこともできます。このことは、コミュニケーション活動にかかわる教師がビリーフとしてもっていなければなりません。教師のビリーフが揺らげば、活動は成立しません。書いたものをコピー

しておくなどの適切な措置をとり、教師は活動を導くファシリテーターとしての役をしっかりと果たしていかなければなりません。そうすれば、学生たちにこのビリーフが伝わり、活動に導かれていくでしょう。また、臨機応変に対応する教師の姿を見て、学生たちもコミュニケーション活動に前向きに取り組むようになります。

アドバイス

　教師はビリーフを成長させていくことが大切です。そして、そのためにできることを考え、積極的に動いていくことが大切です。成長する教師とは、自分のもつビリーフを常に見直し、自分の教授活動の結果に照らして省察し、常に修正していく教師です。

第4章
対話の実践現場から

1

留学生教育の場
対話の空間での学び

❖日本における日本語教育の現状

　文化庁によれば、2015年12月末の日本国内の日本語学習者数は24万6679人で、前年より15.0％増、2011年の東日本大震災で大幅に落ち込んで以降、順調に回復し、過去最高の数になっています。日本学生支援機構が毎年5月末に出している外国人留学生在籍状況調査結果によれば、2014年5月1日現在の出身地域別では、アジア地域が14万3538人（82.3％）と最も多く、うち中国が6万3520人（全学習者の36.4％）、ベトナムが2万6409人（15.1％）、ネパールが9681人（5.5％）となっています。大学以外の日本語教育機関では、スリランカからの学習者も増えています（第1章23参照）。

　私は30年間、日本語教育の場にかかわってきました。この30年の間に日本語教育の世界地図は大きく変わりました。1970年代、80年代は欧米からの留学生が多かったのですが、90年代以降は中国・韓国からの留学生が増えました。これからはアジアの非漢字圏からの留学生が増えていくと予測され、日本語教師はさらなる多文化との「対話力」が試されることになるでしょう。したがって、これからの日本語教師は多文化共生についての構造的知識を身につけた上で、寛容性を養い、「対話力」を身につけていく必要があります。

❖ 日本語教育の現場とは

　日本語教育の現場は、言葉にこころを開いていく「対話」の場です。

　2011年の東日本大震災以降、それまでの韓国・中国・台湾からの学生が一時減り、アジアの非漢字圏の学生たちが、日本に日本語を学びに来るようになってきました。ベトナム、ネパール、モンゴル、スリランカ、タイなどアジアの発展途上国から、先進国日本、安全な国日本にあこがれてくる学生たちです。彼／彼女たちは、身体的特徴も文化的特徴も"ちがい"ます。ただ、日本にあこがれている、日本で学びたいということでは共通しています。

　教師も留学生もともに"ちがい"にひらかれたこころを持てれば、教師と留学生は信頼関係を築くことができます。そして対話にひらかれた結果、留学生は自分のことを日本語で表現しようとして、日本語を習得していくのです。

❖ 多文化クラスの実態

　2015年度、私はネパール、ベトナム、スリランカ、モンゴル、韓国、タイと6か国からの学生11人が学ぶクラスを担任するという初めての経験を与えられました。漢字圏からの学生が1人もいない非漢字圏、多国籍クラスです。

　文化のステレオタイプ化は偏見へとつながる危険性をはらんでいますが、その文化に属する人びとをおおまかにとらえるには、やはり便利です。まず、身体的特徴にも文化の"ちがい"が表れます。

　モンゴルの学生は、草原のおおらかさを持ちます。発音にも、どこか、馬頭琴の音が聞こえます。ベトナムの学生は華奢、恥

日本語学校の多文化クラスの学生たち

ずかしがりやで繊細です。しかし芯は本当に強いです。ネパールの学生は、背はあまり高くありませんが、ヒマラヤの荘厳さを目に湛えています。スリランカの学生は、エネルギッシュな黒い瞳で目を見つめて話します。タイの学生は、身体に優美さを備えています。

次に彼／彼女たちの書く文字を見てみましょう。タイの文字、スリランカの文字は絵文字のように、美しい曲線からなります。ネパールのデーヴァナーガリー文字も○や線が並んでいます。モンゴル文字も、草書体のような美しい曲線と直線からなっています。

このような6か国の学生たちがいるという特徴を生かして、お互いに密接なかかわり合いをしながら、協働作業を行い、互いに対話にひらかれ（オープンダイアローグ）、結果として言語の習得へと導くにはどうしたらいいのでしょうか。私は、このクラスを担当する教師3人と協働して授業を創っていきました。

❖オープンダイアローグの場

ことばを学ぶということは、自分の情報を他者にことばで開示することにほかなりません。それは、「ジョハリの窓」（第2章3参照）の開放の窓を広げることです。ある人が開放の窓を広げ、自分の情報を言葉に紡ぐとき、ともにいる他者も、自分の情報を言葉に紡ぐようになります。そして、教室の空間はオープンダイアローグの場となります。

多文化クラスではどのような情報が、オープンダイアローグを生むのでしょうか。

クラスでは、メインテキスト（『TRY! N3, N2 文法から伸ばす日本語』アスク出版）の学習に加えて、

1. 自己紹介
2. 自分の国の紹介
3. ワークショップ「ちがいのちがい」
4. それぞれの国の文化（料理・物語・映画）の体験
5. 自分の国の文化のプレゼンテーション

6. 贈ることば
7. 私の国のことばで「ありがとう」

という順序で「対話」を行うことにしました。本節ではこの「対話」の授業について報告します。

1. 自己紹介

言葉が紡がれるためには、他者に伝えたいこころがあり、他者に伝えたい内容があり、伝える日本語の技術があり、他者がこころから聴きたいと思うような〈緊張感があり、かつ、やわらかなまなざしのある雰囲気〉が必要です。

まずは教師自身が、こころから聴ける場の雰囲気づくりをし、教師自身が伝えたいこころ、伝えたい内容、伝える日本語の技術をもって伝えることが必要です。ここでは私の自己紹介は割愛しますが、私は、家族のこと、どうして今の仕事（日本語教師）に就いたか、日本語教師になってどう感じているかを率直に語りました。そして、最後に私の想いを伝えました。

「日本語教師になって30年以上になります。この仕事をとおして、多くの学生たちとの出会いが与えられました。どの学生との出会いも、私の人生を豊かにしてくれました。今年はB1クラスで、多くの国の学生に出会えました。ネパールのAさん、モンゴルのBさん、Cさん、タイのDさん、スリランカのEさん、ベトナムのFさん、Gさん、Hさん、Iさん、Jさん、韓国のKさん、この11人の仲間とともに、楽しく、一生懸命、勉強していきたいと思います。そして、一年後には、みんなの夢がかなっていることが、私のこころからの願いです。みなさん、元気に明るく学んでいきましょう。よろしくお願いします。」

学生たちは、この私のメッセージをどのように受け止めたのでしょう

か。その後、①自分の生まれた頃のこと、②日本に来た理由、③将来の夢、という構成で、自己紹介を書くように指導しました。学生たちは２週間をかけ自分の自己紹介を言葉に紡ぎました。学生たちが伝え合った「自己紹介」の一部を紹介します。

● ベトナムの男子学生

「私は1995年の8月の美しい日に生まれました。それは両親から聞いていたけど、本当に美しいかどうか私も実は知りません。私には6歳上の兄が一人います。うちで、いつも兄に苛められていたけれど、兄は私に色々な面白いことを教えてくれました。例えば、どうやって壁を乗り越えて、外へあそびに行くかなどです。

二歳の時、母は韓国へ働きに行きました。ですから、父は仕事ばかりでなく母として料理を作ったり、洗濯をしたり、勉強を教えたり、いろいろな家事もしてくれていました。今まで、私たちを優しくて親切に育ててくれて、父にかんしゃしています。

2013年、高校3年生の時、ギターを習い始めました。今、日本でやっているバンドの皆さんとレストランや、交流会などでパフォーマンスをしています。それを通して、ベトナムの文化を外国人の方に紹介したいと思って、いいパフォーマンスを見せたいため毎日頑張っています。

日本に来る前に、ベトナムの高校を卒業して、大学に入れませんでしたから、両親の希望を叶えて、日本に留学しようと決心しました。別の理由はあまりありませんでした。

今、日本語学校で日本語を勉強しています。その後、国へ帰るか、進学するかまだはっきり決めていません。将来のこともそうです。ちょっと心配なことですけど、自分を信じて、なんでもできると思って、毎日楽しく留学生活を過ごしています。

憧れていることを、自分で将来ぜったい実現します。」

●ベトナムの女子学生

「私は1988年に生まれました。私は生まれてから6歳まで両親と一緒に住みましたが、6歳の時、両親は離婚しました。私と母と姉は一緒に住んでいました。その時はよく「かわいそうね」ということを言われましたから、あの言葉は本当に大きらいになりました。あの時わたくしたちの生活は大変でしたが、いろいろなことを勉強できました。母は私たちを育てるために、毎日朝早くから夜遅くまで働きました。そのために、私は小さい時から心の中で言いました。「将来、母にしあわせをあげたい。良い生活をあげたい」その気持ちをずっともっていましたので、小学校から大学まで一生けんめい勉強しました。

今まだ私の夢は現実になりませんが、私は諦めません。いつも頑張っています。

母は「あなたのしあわせは私のしあわせです。あなたがいい人と結婚できる、しあわせな家族になるのが私の期待です」と言いました。四年前、私は主人とあって、彼はいい人と思いましたが、最初母は納得しませんでした。それで、二年間続きました。三か月間ぐらい、かれは会社の休みの日を取って、ベトナムへ行きました。だんだんかれの気持ちが分かりましたので、母は納得しました。

最後、私と主人は結婚できました。かわいい子どももできました。今、自分の家族は日本で暮らしています。とてもしあわせです。日本で住めるようになる、自分の仕事を考えなければなりません。本当に早く会社で働きたいです。それで、来年、けいざい大学に入れるように勉強を頑張っています。」

●モンゴルの女子学生

「私は1996年9月19日にモンゴルのウランバートルで生まれました。現在、父と母と弟の4人暮らしです。私の小さいころの思い出といえば、母と父にとても愛されて育ちました。そして弟が生まれ

てから弟の面倒を見たり、親の手伝いをするのが好きな子どもで毎日何かしら手伝いしながら自分の勉強も上手にこなしてきました。今思うと小さい頃の思い出はとても楽しく、幸せに過ごしたと思っています。私が日本に来たのは、日本語をもっと勉強し、頑張って大学に入って勉強するためです。そして、目的に向かって今、一生懸命勉強しています。例えば、家庭でもバイトでも学校でもあらゆるところでの会話やマナーは私に必要なので、すべて勉強するつもりです。日本で感じていることは特に悪いことはないですね。学校と仕事と生活はどうしてもやらなければならないことの一つだから覚悟は出来ています。私は、いがいと自分が心の強い性格だと思います。ですので、国に帰りたい親に会いたいとかあまり泣き虫にならないですね。日本で感じているいいことはいっぱいあります、たくさんの友達が出来たし、バイト先でもみんなほめていろいろな役立つことを教えてもらえるし、お家でも姉が相談にのってくれます。将来したい仕事は例えばモンゴルと日本の会社でマネージャーをやりたいです。旅行関係でもいいし建築関係でもいいですね。今私が働いているバイト先は日本料理のレストランです。人との会話や色々な料理を目にするし今モンゴルで日本料理が一番ブームですね。ですので日本料理を覚えたらいつか役に立つと思っています。大学を出て仕事につくまでは必ず何かしら勉強になる仕事をしようと思っています。将来したい仕事に向かって頑張っていきたいと思っています。よろしくお願いします。」

● モンゴルの女子学生
「私は1995年の3月17日に生まれました。その時母が27歳でした。6歳上の姉が一人います。私が6歳になった時、母は勉強するためにロシアへ行きました。父と姉と三人で6年ぐらい生活できました。小学と中学はロシア語の私立学校で勉強しました。9歳の時に2年ロシアで母と住みました。その時楽しみ過ぎてたくさん友達と付き合ったけど、今連絡がないから残念です。

私が高校生の時姉は日本に留学するために来日しました。姉を思い出してとても寂しかったです。でも姉は、日本の生活いいし、けいざいがはってんしているのでこっちに来て勉強したほうがいいといいました。私大学3年のとき、大学からの紹介で大原日本語学院を選んで来日しました。初めて来た時に大変問題があった。たとえばかぞくを思い出すし、新しいところになれないし、日本語がわからなかったり、でも今までいっしょうけんめい頑張ってどんどん日本の生活になれました。

　大原日本語学院を卒業して農業の専門学校に入るのが目的です。日本で農業は発展しているからよく勉強してモンゴルで農業で生きていこうと思います。日本は本当に良い国です。私留学するために日本に来てうれしいです。みなさんもよく勉強して自分の夢をかなえてください。」

● スリランカの男子学生
「私は1992年7月13日スリランカのワルネガラに生まれました。かぞくは5人です。母と父といもうとがふたりそして私です。かぞくのみんななかよくていつも楽しいですが、ときどきけんかすることもあります。ごさいのとき、りょうしんがとてもいいがっこうをさがしてくれて入りました。そのがっこうのなまえはメリヤデーワです。このがっこうでたくさんともだちにあってたのしくべんきょうしました。私は2003年にがっこうのサッカーのチームに入りました。2005年にぜんぶしあいにかってスリランカでいちばんになりました。それでインドであったサッカートーナメントに参加しました。2011年にがっこうをそつぎょうしました。そのあと私のおじさん日本に住んでいますので私も日本へ行って勉強したいと思ってスリランカで3か月ぐらい日本語勉強しました。そのとき日本語学校に来る日本人とあってできるだけ話しました。2014年4月3日日本に来て大原日本語学院に入りました。ここでいろいろな国のともだちをつくりまし

た。ともだちと東京タワーとかうえのこうえんとかきれいなところに
あそびに行きました。とてもたのしかったです。日本語学校そつぎょ
うしてせんもん学校に入ってゲームデザイナーの勉強してそのあと
ゲームつくる会社にしゅうしょくすると思っています。」

● タイの女子学生
「私は1992年に生まれました。一人っ子です。それで、母と父は
私をかなり甘やかしました。しかし、兄弟がいないので、とてもさび
しかったです。

　子どもの時、私はいなかの家によく泊まりました。あばあさんの家
です。広くて静かな家です。さらに、海の近くです。夏休みに皆のま
ごはこの家に集まってきました。そして、いっしょにいろいろな活動
しました。その時は楽しくてぜんぜんさびしくなかったです。私は中
学生になった後で、あまりいなかに行きません。それはなつかしいで
す。

　高校生になった時、日本のアニメ見るのが好きでした。それから、
日本語にだんだん興味をもつようになりました。

　2010年、大学に受かりました。私の専攻は日本語でした。4年間
ぐらい日本語を勉強しても、まだ足らないと思います。もっと日本語
を知りたくて、日本人のように日本語がペラペラしゃべれるようにな
りたいです。日本の会社で仕事をしてみたいです。そこで、日本で日
本語の勉強をすることを決心しました。

　再来年、国へ帰ってから、日本語の修士課程に進学しようと思いま
す。その後で、日本語の通訳をする仕事がしたいです。私はいろいろ
な所と人に会うのが好きですから、貿易商や旅行会社など有名な会社
に就職したいです。年を取ったら、大学の先生になりたいと思います。
それは年をとるほど忘れっぽくなりますから。学生を教える立場なら
自分も勉強を頑張ります。私は日本語を教えたことがありますから、
私にとってこの仕事は楽しい仕事だと思います。」

● ネパールの男子学生

「私は1985年に生まれました。私のかぞくは5人います。父母と二人おとうとがいます。一人は2さい下で一人は6さい下です。2さい下のおとうとはせと体が私より高くて大きいですから、時々間違えて私をおとうとのおとうととおもってしまいました。家の近くの学校でこどもの時から高校まで勉強しました。英語は下手でしたが、すう学は上手でした。学校の勉強がおわったら、大学に入ってさいしょけいざいとすうがくを勉強しました。大学の勉強おわったら、シンガポールへ行きました。勉強としごとたいへんでしたから、9か月たったらネパールへ帰りました。それから2009年にカタールへ行ってしごとをさがしました。外国人ばかりすんでいるところでおもしろかったです。カタールで2年半ぐらい仕事したら国へ帰りました。2011年から大学院へ入りました。大学院ではけいえいがくぶをえらびました。いっしょうけんめいがんばって勉強したのに大学院のしけんうけませんでした。そのあと日本へいってべんきょうしようとおもって日本へきました。去年の7月から大原日本語学院で日本語を勉強しています。しょうらいは自分の会社をつくりたいです。」

● 韓国の女子学生

「私は1977年に生まれました。私はソウルで生まれて育ちました。私には4歳下の弟が一人います。私は弟が大好きで、いつも弟を連れて歩きました。こどもの時、私は女の子たちだけと遊びましたから、私の弟は私を「姉ちゃん」と呼びました。韓国語で男性が呼ぶ言葉と女性が呼ぶ言葉は違うので、それははずかしくて、おもしろいことでした。今ふたりとも忙しくて、一緒に遊んだり旅行をしたりする時間がないので、そのころがとても懐かしいです。

　私は大学で新聞放送を専攻しました。一時放送記者になりたかったですが、特に機会があって、法律事務所で秘書として働きました。し

かしその仕事に適性がありませんでした。それで自分にあった仕事につきたいと思いました。子どもの時から小説が好きで、大学のときに日本の小説に浸りました。特に、ムラカミハルキとエクニカオリの小説はほとんど全部読みました。私はまた文学を勉強したくて文学大学院に入りました。しかし仕事と勉強の両立は大変で、残念ながら、大学院を卒業できませんでした。それからずっと日本の文学を勉強しようという夢を持ち続けています。

　昨年主人が会社の仕事で日本へ二年間行くと聞いたときとてもうれしかったです。私たちは今年から2017年3月まで日本に住むことになりました。私は2年間日本語の勉強を一生懸命するつもりです。韓国に帰ったら日本文学大学院に入るつもりです。そのために今サイバー大学の日本語専攻に編入学しました。2017年に卒業します。2年間の日本での勉強とサイバー大学の日本語専攻は将来大学院の進学に役に立つと思います。

　みなさん、一緒にがんばって一人ひとりの夢を達成しましょう。」

　自己を開示した後と前では、お互いのまなざしが明らかに変わっていったと感じました。自分のための学びがもついわば"自己中心的な"まなざしから、ともに学び合う共同体の仲間たちに向けられる"やわらかな"まなざしへと変りました。そして学びの空間にあたたかさが感じられるようになっていきました。

2. 自分の国の紹介

　留学生は自分の国が好きです。そして自分の国を知ってほしいと思っています。

　自分の国の紹介では、私が日本についての紹介文を伝えた後、日本の例を参考に、①位置、②人口、③教育、④語学の教育、⑤国民性、⑥文化、について800字で書くように指導しました。

●私の国　韓国（韓国の女子学生）

「私の国、韓国は、アジア大陸の端にあります。韓国は残念ながらふたつに分けられています。南韓と北韓に分けられて、ふつう韓国というと南韓です。私も南韓から来ました。南韓と北韓は今政治的理由で割れていますが、みんなはいつかドイツのように合わさることを願っています。人口は５千万人です。

韓国の教育制度は６・３・３・４制で日本と同じです。小学校６年、中学校３年、高校３年、大学４年です。韓国人は大学に進学したいので教育熱が高いです。それで小学校から学校以外で勉強を始めるので子供たちはとても大変です。それに教育費がたくさんかかるので両親もたいへんです。これは韓国の問題です。

韓国は小学校１年生で韓国語を習います。小学校３年生からは英語も習い始めます。高校でフランス語とかドイツ語とか日本語とか、いろいろな言語を選んで習えるようになります。

韓国人は外国人にとってははじめは近づきやすくない国民です。今は違いますが韓国人は外国語ができないと思って外国人にはずかしい気持ちをもっています。しかし、韓国人は親しくなればなるほど、こころから相手を思い、親切になります。それで、韓国人は情が熱い国民だと言われます。

最近、韓国ドラマとか歌手などが外国でも人気が高くなってきたので、韓国語を習いに来る外国人がとても多くなりました。それから韓国人も外国人と過ごす方法がよくわかるようになりました。みんな、いつか韓国に遊びに来て、おいしい韓国の料理を食べたり、きれいなところに行ったり、情が熱い韓国の友達と付き合ったりしませんか。」

●私の国　タイ（タイの女子学生）

「私の国タイはアジア大陸の東南にある国です。斧のような形をしています。世界で５１番目に大きいです。７６県あります。首都は

バンコクです。人口は6千万人くらいで世界で20番目に多いです。国旗は白と赤と青の3色です。上と下が赤で、真ん中は青、赤と青の間が白です。

　タイの教育制度は6・3・3・4制で、小学校6年、中学校3年、高校3年、大学4年です。日本の教育制度と同じです。大学進学率は約60%です。

　タイには私立学校も公立学校もあります。私立学校では1年生からタイ、英語を習います。公立学校では3年生から英語を習います。英語の先生は文法がタイ人で、会話がアメリカ人です。高校生のとき日本人の先生がひらがなとカタカナを教えてくれました。言語クラスではゲームや音楽などいろいろな活動をします。

　タイは小さい国で、人びとは静かに暮らしています。思いやりや、相手を尊敬することを大切にしています。タイの長所は、明るくやさしい人びと、おいしい料理、素晴らしい寺と海です。

　私は一人のタイ人として、言葉や文化などタイの素晴らしさを外国人に伝えたいと思います。」

●私の国　モンゴル（モンゴルの女子学生）
「私の国はモンゴルです。モンゴルは東アジアの北部に位置する国で、首都はウランバートルです。モンゴルは中国とロシアの間にある国です。東南に中国、北にロシアがあります。今年、モンゴル人は300万人になりました。

　昔、モンゴルは遊牧民と言われました。なぜなら昔のモンゴル人は四季に四つの違うところに引っ越して住んでいました。みんな、モンゴル語で話します。文字はモンゴルの文字がありますが、今はあまり使わないです。ロシア文字を使います。今、私の国の大統領はエルベグドルヅ。1993年から今まで大統領は4人います。

　モンゴルの大切なお祭りはお正月とナダムというお祭りです。ナダムは1月10日にお祝いをします。

日本で有名なモンゴル人はお相撲さんです。モンゴルでも相撲みたいな国の伝統のスポーツがあるので、今モンゴルのお相撲さんたち、成功しているのだと思います。
　モンゴルで一番美しいのは自然です。モンゴルへ行ったら、田舎へ行って美しい自然を見て、休むのが最高です。みなさん、時間ができたら行ってみてください。」

●私の国　スリランカ（スリランカの男子学生）
　「私の国スリランカはインド洋の南にある、小さいブッダの国です。スリランカの周りに美しい海があります。地図で見たら、スリランカはインド洋の南にあって小さい丸い形をしてとてもきれいなので、昔からスリランカは世界の人からインド洋の真珠と言われていました。
　スリランカの教育制度は5・4・2・2制です。初等教育5年、中等教育は前期4年の後、後期2年でこれは全国統一試験Oレベル受験のための準備期間です。Oレベルの合格者だけが高校に進学できます。さらに高校の2年間は大学進学資格Aレベルを受験するための準備期間です。スリランカには15の国立大学があります。大学進学率は約15%です。海外の大学に進学したり、専門学校や職業訓練校で就職に必要な技術を身に付ける人もいます。
　毎年5、6、7月にブッダの大きな祭りがあります。その時、全国がにぎやかになります。それで外国人たちもたくさん来ます。スリランカは紅茶やゴムやココナッツが有名です。スポーツはクリケットをしています。スリランカの気温は大体30℃くらいになります。たくさん森があるのでいろいろな動物がいます。例えば、くま、シカ、象などです。スリランカの景色はとてもきれいです。みなさん、ぜひ遊びにきてください。」

●私の国　ベトナム（ベトナムの女子学生）
　「私の国ベトナムはインドシナの東にある半島国です。Sのよう

な形をしています。ベトナムは4000年以上の歴史がありますが、1000年くらい中国に支配されていました。それでベトナムの文化は中国の文化と似ています。例えば、ベトナムの文字は昔から中国の漢字と似ていました。17世紀、フランスがベトナムを支配して、アレサンデロット牧師のおかげで、今の文字ができました。19世紀の終わりに、ラテン文字が一般的になりました。ベトナムはいろいろな強い国に支配され、本当にたいへんでした。1975年にベトナムは自由になって、統一されました。

　ベトナムの地理は3つの部分に分けられます。北部、中部、南部です。北部は四季があります。冬には北の山で雪が降ることもあります。北部には首都があります。ベトナムの首都はハノイです。中部は一番大変な場所です。毎年、7月から10月まで洪水があります。南部は2つの季節しかなくて、乾季と雨季です。6月から11月まで雨季です。12月から5月まで乾季です。南には一番大きな都市、ホーチミンがあります。ベトナムは半島ですから東は海です。有名なビーチはサムノン、カバ、ニャチャン、ダナンなどです。

　住んでいる場所によって性格が違います。北部は一番古い文化がありますから、北の人は伝統的です。中部は一番大変なところですから、中部の人は一生懸命です。南の人の性格は寛大で開放的です。

　みなさん、ベトナムについてわかりましたか。」

それぞれが国について語る姿から、どの人も自分の国を愛すること、愛する自分の国を知ってもらいたいことが伝わってきました。またお互いのスピーチを聞き合う姿から、クラスメートが生まれ育った国について想像しながら「対話的」に聴いていることが伝わってきました。

3. ワークショップ「ちがいのちがい」
　みんな「ちがい」があることを実感しあった後、「ちがいのちがい」のワークショップをしました（第3章1参照）。共通言語は日本語のみ。

第3章で述べたようにひとつひとつの課題について具体的に思考し、日本語で伝え合う姿が印象的でした。

4. それぞれの国の文化（料理・物語・映画）の体験

●ベトナム料理、タイ料理、モンゴル料理の体験

それぞれの学生が講師になり、それぞれの料理を作り合いました。

ベトナム料理は、ベトナムの生春巻きとバンセウ、タイ料理はタイのスープ、モンゴル料理はボーズを作りました。

ベトナムの学生が講師となって、みんなでベトナム料理を作りました

その国の文化が香りたち、学生たちはその香りに包まれ真剣に学び合いながら、楽しそうに作り、おいしく食べました。

講師を担当したベトナムの女子学生の感想です。

「みなさんのために、一生懸命、調べて作りました。料理はおいしいかどうかわからないけど、みんなと一緒に作りました。とっても楽しかったです。」

●モンゴルの伝説『スーホの白い馬』の体験

『スーホの白い馬』（福音館書店）はモンゴルの楽器「馬頭琴」がどうしてできたのかについての伝説です。赤羽末吉の愛らしい絵がついている絵本を見せながら、私が日本語で語りました。スーホが愛した白い馬はスーホの元にたどり着いた後、力つきて死んでしまいます。スーホはいくばんも眠れませんでしたが、やっとあるばん眠りこんだとき、スーホは夢を見ました。「そんなに、かなしまないでください。それより、わたしのほねや、か

『スーホの白い馬』福音館書店、1967

わや、すじやけを使って、がっきを作ってください。そうすれば、わたしはいつまでも、あなたのそばにいられます。あなたを、なぐさめてあげられます」「やがて、スーホの作りだしたばとうきんは、ひろいモンゴルの草原じゅうに、ひろまりました。そして、ひつじかいたちは、ゆうがたになると、より集まって、そのうつくしい音に、耳をすまし、一日のつかれをわすれるのでした」(『スーホの白い馬』福音館書店)

　私の語りの後、静かな時間が流れました。
　スリランカの学生「これ、本当のお話？　伝説？」
　モンゴルの学生「みんなが信じている伝説」
　スリランカの学生「スリランカにもそんな伝説あるから……」

● モンゴル映画『らくだの涙』、韓国映画『風の丘を越えて／西便制』、
　　ベトナム映像『世界ふれあい街歩き　ベトナム／ハノイ・ホイアン』

　モンゴルの映画『らくだの涙』は、ラクダの親子の絆をめぐるドキュメンタリーです。画面を通して遊牧民族の素朴であたたかいこころが伝わってきます。子どもに愛情をもてない母ラクダのこころをいやそうと、馬頭琴を奏で続けるモンゴルの遊牧民族。最後に母ラクダが、涙を流します。
　クラスのみんなも、涙を流しました。
　韓国映画『風の丘を越えて／西便制』は、韓国の伝統芸能パンソリに携わる家族の情愛を描いたものです。しっとりとして、強い家族の情愛が伝わってきました。
　ベトナムは TV 映像『世界ふれあい街歩き　ベトナム／ハノイ・ホイアン』(NHK) を見ました。ハノイ・ホイアン。自分の街が日本語で語られ、それがわかって、ベトナムの学生はふるさとに帰ったように喜んでいました。

5.　自分の国の文化のプレゼンテーション
　1年間は4学期に分かれています。最後の4学期目には、週に1回、

10分間の自分の国の文化のプレゼンテーションに向けての指導を行いました。
1) テーマを決める
2) 調べる
3) パワーポイントを作る
4) プレゼンテーションの練習
5) プレゼンテーション

最終的に発表を行った8名のテーマは次の通りです。
- ベトナム男子学生：ベトナムの水稲
- ネパール男子学生：たばこの健康への害
- ベトナム女子学生：ベトナムの旧正月の料理
- ベトナム男子学生：ベトナムの気候
- タイ女子学生：日本の切手
- 韓国女子学生：韓流（ドラマ・Kポップ）の歴史
- モンゴル女子学生：モンゴルの伝統的な結婚式
- モンゴル女子学生：モンゴルの旧正月

プレゼンテーションの時間は、多文化との対話の時間となりました。

6. 贈ることば
7. 私の国のことばで「ありがとう」

1年間の授業を経て、私たちの間には本物の信頼関係が育まれました。卒業を前にして、私は彼／彼女たちへの感謝を「贈ることば」として伝えました（190ページ参照）。学生たちも、「贈ることば」と「私の国のことばで「ありがとう」」を書きました。最後の授業で取り組んだので、休んだ学生（ネパールの男子学生）のがないのが残念です。彼／彼女たちが書いたままを、彼／彼女たちの許可を得て、掲載します（191〜194ページ）。

❖結びにかえて

　多文化クラスの学生たちは、日本語能力試験N2（日常的な場面で使われる日本語の理解に加え、より幅広い場面で使われる日本語をある程度理解することができるレベル）に合格し（全員ではありませんが）、それぞれの目標（それぞれの専門学校への進学）を果たして卒業していきました。学校では、「卒業文集」に各クラスでB4、1枚の「卒業メッセージ」を書きました。この多文化クラスの「卒業メッセージ」はこのようになりました（194ページ下）。彼／彼女たちの言葉に、1年間の文化との対話の取り組みが楽しく実り多かったことがあらわれていると思います。

　1年間の試みは、私に大きな喜びをもたらしてくれました。これからも、日本に学びに来てくれる留学生とともに、多文化と「対話」を続ける試みを続けていきたいと思います。

贈ることば

三月十七日　倉八順子

みなさんと1年間、楽しい時間を過ごしてきました。みなさんから本当にたくさんのことを学びました。日本語で語り合えたのが何よりも嬉しいです。みなさんの国について文化について国民性について知ることが出来たのは楽しいことでした。いつか、みなさんの国を訪ねてみたいです。いつか、みなさんのこれからの人生が幸せであることを祈っています。いつか会いましょう！卒業おめでとう！

著者から学生たちへの「贈ることば」（上）
学生たちの「贈ることば」「私の国のことばでありがとう」（次ページ以降）

私の国のことばで
『ありがとう』

ゴ・ニャン・フィさん（ベトナム・男）

みなさんへ

三月十七日

ゴニャンフィ

きましたー1年間楽しい時間を過ごして
教えてもらいました、みんなと一
自分の国の料理を作って食べました
日本語を勉強することを
決めました。これから自分のことをもっと
ちゃんと日本人の先生がんばって、白分のことも嬉し
もらいました。いつまでも忘れないでください
先生とみんなさいさよなら ありがとうございます　　　♡

私の国のことばで
『ありがとう』

フィムティ・ニャイさん（ベトナム・女）

大原日本語学校　　三月十七日　フィムティニャイ

みんなさんと1年間一緒に勉強してよかった
みんなと話した楽しかった。
授業の時、私は日本語が下手しか
なかったことがすみません。
みんなの声
うまくしていて直してくれました。
いっぱい覚えます。
みんなさん、心からみんなさんありがとうござ
次の学校頑張ります。みんなさんのクラス顔
大好きです。
みんなさん、時間があれば会いましょう。

私の国のことばで
『ありがとう』

グェン・アン・ハオさん（ベトナム・男）

贈ることば　三月十七日　ハオ

みなさんといっしょに勉強した時間はとても大切な時間でした。日本に来たみなさんにぬくもりのあたたかい心をかんじていろいろな国々の文化、国語のことが知ることができて、クラスで日本語の勉強だけではなく、みんなから学ぶことを祈っています。また会いましょう。卒業おめでとうございます。これからの人生が幸せであることを祈っています。また会いましょう。

私の国のことばで
『ありがとう』

イ・ヘヨンさん（韓国・女）

贈ることば　三月十七日　恵伶

みなさんと一年間国も違う文化も楽しく性格もせいかくも一人一人達う国もせん一緒に楽しく思い出もたくさんなと思って一緒に楽しい思い出をいつか会いましょう日本の生活が幸せであることを祈っています

私の国のことばで
『ありがとう』

ノムンダリさん（モンゴル・女）

贈ることば

三月十七日　ノムンダリ

先生方

ありがとうございました

日本に来て一年半間
いろいろお世話になりました
ほかの国の友達もたくさんできて
いえてもらいました
話をしてたのしんです
いっしょにけんかしながら
頑張ってみんなで楽しいな
くたさんに残して絶対
忘れないでほしいよされな～
成功してほしいな～
また自分の世界にみんなで会いまし

私の国のことばで
『ありがとう』

ナムーンさん（モンゴル・女）

贈ることば

三月十七日　ナムーン

みんなさん

ご卒業おめでとうございます

みんなと一年間
日本で六国の学生たちと
いろいろありがとう
いろいろなことを学びます。
みんなとべんきょうした
ことがあります
みんなとすごした時間は
私の国にしたらまだ
ちがうだったのに
ですが。これからも
いっしょに…

私の国のことばで
『ありがとう』

オーンさん（タイ・女）

三月十七日　一緒に勉強して活動しました みなさん一年間一緒に勉強して活動しました したくなくても、毎日楽しかったです。これからもがんばってください。みなさんは何かがんばっても、最後にみんなは成功しても会えなくても、みんなのことずっと思い出します。絶対忘れません。いつも会いたくて会いたくて、愛しています。♡　オン

卒業メッセージ

2

地域の多文化共生の場

NPO法人たちかわ多文化共生センターの取り組みから

　私は、2006年に東京都立川市の隣の市である国立市に引越し、「NPO法人たちかわ多文化共生センター」と出会いました。それは「多文化共生」をライフワークとしている私にとって天啓とも言える出来事でした。最初は語学ボランティアとしてかかわりました。そして会員とのふれあいの楽しさを経験するなかで、10年を経た現在、理事、広報委員長として、志を同じくするメンバーと協働して行動しています。これからも「NPO法人たちかわ多文化共生センター」の活動をとおして、地域の多文化共生をライフワークとして続けていきたいと考えています。本節では「NPO法人たちかわ多文化共生センター」の歩みを追うことを通して、地域の多文化共生の取り組みについて考えていきます。

❖ ともに生活する人として

　2001年に設立され、2002年に特定非営利活動（NPO）法人となった「たちかわ多文化共生センター」（愛称TMC）は、東京都立川地域に住む外国人と生活者としてともに生きていくことをめざして作られました。
　総務省が2006年に「多文化共生推進プラン」を作成するのにさきがけて、ともに生活するという意味をこめて「たちかわ多文化共生センター」としたのは、立川市の「多文化との共生」の歴史を象徴するものでした。

❖ 立川市のあゆみ（立川市 2015 年『第 3 次多文化共生推進プラン』による）

　立川市は 1922（大正 11）年に開設された立川飛行場が戦後、米軍に接収され、米軍立川基地として 1969 年 11 月に飛行停止するまで、基地の町としての歴史を歩んできました。その後、1977 年に立川基地が全面返還されると、基地跡地を利用した新しい街づくりが開始されました。1980 年には、国営昭和記念公園の建設が始まり、1994 年には基地跡地関連地区市街地再開発事業により 36 か国 92 人のアーティストによる 109 のパブリック・アートを備えた新街区ファーレ立川が街開きしました。このように、歴史的に、立川市は"多文化との共生"の町でした。

　多文化との共生の歴史的背景をもつ立川市は、人種や国境を越えて 2 つの都市の市民が文化や経済の交流を行うことを目的に、1959 年 12 月 23 日に、東京都の区市町村では初めて、海外（アメリカ合衆国カリフォルニア州サンバーナーディノ市）との姉妹市提携を結びました。2009 年に、姉妹都市提携は 50 周年を迎え、立川市とサンバーナーディノ市のそれぞれの市長が互いに公式訪問を行いました。

　1960 年から 2015 年までの間、立川市の高校生とサンバーナーディノ市の高校生は、55 回のホームステイ体験を重ねてきました。ホームステイを体験した高校生の数は 350 名を超えています。

　1991 年には「立川国際友好協会（TIFA）」が発足し、「外国人のための日本語教室」が無料で開かれるようになりました。また、2001 年には「たちかわ多文化共生センター（TMC）」が設立され、2002 年には「特定非営利活動法人たちかわ多文化共生センター」となり、市民の国際意識の醸成と国際理解促進による地球市民育成を目的に掲げ、交流、情報、相談の拠点になるよう、活動を行っています。

　2014 年、「外国人のための日本語教室」を 22 年間、無料で開校し続けてきた「立川国際友好協会（TIFA）」から立川市に対して「多文化共生都市宣言」の提案がなされ、市議会での議論を経て、2016 年 4 月現在、立川市は「立川市多文化共生都市宣言（仮称）」に向けて、手続きを進めています。

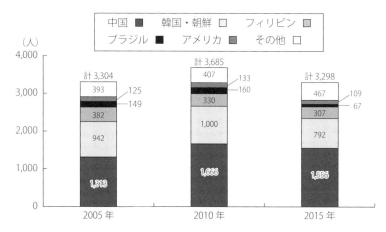

図 4-1　立川市の主な国籍別外国人数の推移

❖立川市の多文化の現状

　立川市には 2015 年現在、17 万 9839 人が住み、そのうち登録外国人は 3298 人、人口の 1.8％にあたります。日本に住む外国人は 1.7％ですから、立川市は平均的な割合です。外国人を国籍別に見ると、中国（台湾を含む）が 1556 人と最も多く、次いで韓国・朝鮮、フィリピンの順となっています。国籍数は 61 です。

　2015 年 1 月 1 日現在の年齢別外国人人口では、老年人口（65 歳以上）が 236 人で全体の 7.2％、生産年齢人口（15 〜 64 歳）が 2754 人で全体の 83.5％、年少人口（0 〜 14 歳）が 308 人で全体の 9.3％です。生産年齢人口の外国人が多いことがわかります。

❖立川市第 3 次多文化共生推進プラン

　立川市は立川市第 1 次多文化共生推進プランを策定し、このプランに基づいて 2005 〜 2010 年まで「多文化共生の街づくり」に取り組み始めました。さらに第 2 次多文化共生推進プランを策定し、2011 〜 2015 年に多文化共生の街づくりに取り組みました。2015 年には第 2 次多文化

共生推進プランの達成状況を検討し、何が実践され、何が実践されていないかを話し合った上で、2016〜2020年の5年間に取り組む「第3次多文化共生推進プラン」を策定しました。このプランは、公募で選ばれた外国人市民、日本人市民、多文化共生にかかわる団体推薦の外国人市民、日本人市民、学識経験者の11名による検討委員会会議において、1年の議論を重ねて策定されました。

「第3次多文化共生推進プラン」では、以下の内容が示されました。

1. ビジョン（目指すべき将来像）
   国籍や民族などの異なる人々が文化のちがいを互いに尊重し、共生する地域社会の実現
2. 施策の体系：右の表の通り

❖ NPO法人たちかわ多文化共生センターの活動

NPO法人たちかわ多文化共生センターは立川市からの委託を受けて、この施策を具体的に推進していく役割を担っています。

1）活動内容

都内には20の区や市に国際交流協会が設置され、また24の国際交流団体が登録されています（東京都国際交流委員会ウェブサイト参照）。NPO法人たちかわ多文化共生センター（以下、TMC）は、都内の国際交流団体として、多文化共生をめざして、具体的に次のような活動を行っています。

Ⅰ　外国人市民のコミュニケーション支援
・通訳ボランティアによる通訳・翻訳
・多言語による情報提供（「フォリナーズニュース」）
Ⅱ　外国人市民の生活支援
・外国人のための相談窓口

表 4-1　施策の体系

施策の柱	施策	取組項目
I　外国人市民のコミュニケーション支援		
	①情報の多言語化	1. 行政サービスに関する多言語情報の提供 2. 行政文書の多言語化ガイドラインの活用 3. 市役所内の通訳翻訳サービス 4. NPO等と連携した多言語情報の提供 5. 外国人のための相談窓口の設置 6. 情報伝達方法の工夫
	②日本語と日本社会に関する学習支援	7. 外国人のための日本語教室の開催 8. 日本社会の習慣等に関する学習機会の提供
II　外国人市民の生活支援		
	③生活に関する情報の提供	9. 外国人対象の生活オリエンテーションの充実 10. 不動産業者等への啓発事業
	④教育体制の充実	11. 通訳協力員の学校への派遣 12. 母語や母文化に触れる機会の提供 13. 教職員や児童・生徒、保護者に対する多文化共生の意識啓発 14. 児童・生徒の国際理解の推進 15. 日本の学校制度の周知 16. 外国人学校就学児への支援
	⑤健康な生活のための支援	17. 国民健康保険・後期高齢者医療制度・国民年金制度の周知 18. 高齢者に関する制度・介護保険制度の周知 19. 外国人の交流機会や健康増進機会の周知
	⑥災害に対する備えの充実	20. 防災関連資料等の多言語化 21. 防災訓練の参加促進 22. 外国人市民の地域活動への参加促進
III　多文化共生の地域づくり		
	⑦地域社会での多文化共生の意識啓発	23. 多文化共生交流事業の実施 24. 多文化共生意識啓発事業の実施
	⑧外国人市民の自立と地域社会への参加の促進	25. 自治会等地域社会への参加促進 26. 外国人ネットワークの構築
	⑨オリンピック・パラリンピックを契機とした多文化共生の地域づくり	27. オリンピック・パラリンピックを契機とした多文化共生の地域づくり
	⑩市内標識等の多言語化	28. 市内標識等の多言語化
	⑪市民主体の多文化共生・国際交流活動の支援	29. 姉妹市派遣高校生交換事業への支援
IV　多文化共生の推進体制の整備		
	⑫地域における各主体との連携・協働	30. 地域における各主体との共同事業への支援 31. 多文化共生推進委員会の開催 32. 多文化共生推進プラン検討会議の開催
	⑬行政分野横断的な連携・意識啓発	33. 多文化共生に関する意識啓発を図るための職員研修の実施 34. 多文化共生推進会議の開催

- 専門家による無料相談会

Ⅲ　多文化共生の地域づくり
- 世界ふれあい祭
- 多文化共生のひろば
- ワールドクッキング
- TMCサロン

Ⅳ　幼少期からの多文化共生意識の啓発
- 飛び出せ　たちかわっ子

Ⅴ　防災
- 防災講座
- 防災訓練

2）会員・語学ボランティア

　TMCの趣旨に賛同し、非営利活動法人の要件を満たすものは年会費3000円を払うことによって、会員になることができます。2016年現在、TMC会員は77人、このうち外国人（日本に帰化した人も含む）が17人、会員の22%にのぼっています。

　また翻訳・通訳をとおして多文化共生に貢献したいと考える人は語学ボランティアに登録することができます。これは無料です。2016年現在、語学ボランティアに登録している人は68人、11言語にわたります。言語別内訳は、中国語21、英語25、スペイン語5、ポルトガル語4、ハングル8、ロシア語3、タガログ語3、タイ語1、インドネシア語1、フランス語1、ドイツ語1です（複数言語を担当している語学ボランティアもいます）。

❖ TMCの会員の思い

1）当事者としてかかわることの楽しさ

　2012年TMCは10周年を迎え、10周年記念誌を作成することにし、10年間TMCの活動の基盤づくりにかかわった会員が、それぞれの活

動を振り返り、言葉に紡ぎました（TMC『TMC10年の歩み』2012年）。

　立川で活動する有力団体のメンバーが会員となって行われた創生期の活動は、初代の理事長であるN氏の「創成期である会員のエネルギーは、ほとんど組織の立ち上げに使われ、活動まではなかなか使われなかったように思われました」という言葉にあるように、研究者から薦められた「多文化共生」という理念を自らに引き受け、学び合い、具体的にどのような活動をするか、そのための組織はどうあればいいかという組織づくりに、エネルギーがそそがれました。

　多様な他者と組織を運営していくために「対話」を続け、試行錯誤を続ける中で、会員たちは、

1）外国人のための相談会（毎週1回外国語で行う相談会・1年に1度の専門家によるリレー相談会）
2）世界の料理を作って食べる「ワールドクッキング」
3）世界各国のブースが集い合う「世界ふれあい祭」
4）語学ボランティアによる翻訳・通訳
5）TMCサロンでの学び合い

などの具体的な活動を創造し、当事者として、企画、運営に携わる力が身についてきました。具体的な活動をとおして、会員は真につながっていきました。中心的にかかわった会員が記念誌に寄せた言葉からは、当事者としてかかわることをとおして、つながる楽しさが感じられ、それが会員のエネルギーになっていったことが示されています。

　「**当事者として、多様な他者と協働して活動を成功させたことの喜び**」が伝わってくる4人の方の言葉を紹介します。

●ワールドクッキング──Eさん（女性：台湾出身）
　あっと言う間の10年でした。振り返ればTMCに所属していた何年間は自分にとってはじめての体験ばかりでした。中にはとても大変なことも、苦しいことも、もちろん楽しいこともありました。今回この依頼があった時、一番楽しい事業「ワールドクッキング」が、タイ

「ワールドクッキング」に集まった皆さん

ムスリップしたように思い出されました。

第一回目の「中華」、その後「ロシア」「タイ」「日本の和菓子」…毎回満員御礼でした。様々な国の参加者が短い2、3時間の間に「食」を通じて理解し合おうとしました。言葉は問題ではないと感じました。主催側が経験をだんだん積み重ねていくにつれて内容もバリエーション豊かになり、「バイオリン演奏」「ギター演奏」も加わりました。当日はもちろん、事前の準備、打ち合わせ、買い出しも楽しかったです。このワールドクッキングは、ただ様々な国の料理を作って食べるのではなく、「食」「食べる」を通して皆が楽しくなり、笑顔になり、美味しい、美味しくない、上手、下手は関係なく、時間を共有し合い皆が楽しくふれあう、理解し合うことが一番の目的でした。ワールドクッキングは、本当に、「多文化共生社会」だと感じました。

ワールドクッキングは私にたくさん思い出を残してくれました。今度どの国の料理になるのかな…皆さん、期待しましょう！

● 世界ふれあい祭——Hさん（男性）

「世界ふれあい祭」の原点は「豚汁」でした。「秋の楽市」に初めて参加して豚汁を販売しました。その年は、「なぜ多文化共生センターが豚汁なのか」という批判があったようです。その当時はTMCがテント一つで参加するだけで「世界ふれあい祭」ではありませんでした。その後、中国の飲茶を販売したり、「世界のお茶」を提供したりしながら、まず市内の国際関係団体に参加していただきました。そして5年前から各国大使館に声をかけるようになりました。

いままで延べ何ヵ国の参加があったのか、私はデーターを取ってい

なかった事を反省しています。しかし一歩ずつですが参加国が増えている事は嬉しいです。世界ふれあい祭が「秋の楽市」の中でその存在が認められ、参加国が少しずつ増えていき「何ヵ国まで可能か」という検討が必要な時がくるかもしれません。いつの日か、

「世界ふれあい祭」の様子

立川のあるいは多摩地区の「名物」になればと夢を見ています。

● 専門家によるリレー相談会──Yさん（女性）

2004年2月28日TMCでは初めてのリレー相談会を行いました。

第1回目の実行委員長をお引き受けして、この実行委員会をどのように運営していけば成功できるかを考えた時、小、中学校で周年行事実行委員長を2度経験した時のこ

「リレー相談会」の様子

とが思い浮かび、その方式をそのままここで活用できる事に気がつきました。実行委員募集、役割分担、委員連絡網、会員向け実行委員会だより、当日スタッフ参加の拡大実行委員会でシミュレーション、他地区の相談会見学、都の運営委員会出席、広報活動に全力投球等、モチベーションを大切に，ほうれんそう（報告、連絡、相談）確認を合言葉に皆で一丸となって頑張りました。

その甲斐あって相談者数57名、相談件数123件と初回としては考えられない忙しさの中、混乱もなく粛々と各自仕事をこなし成功の

裡に終了することができました。

● 語学ボランティア──Kさん（女性）
　TMCにとって最大の柱である語学ボランティアのチームを数年間担当させていただきました。依頼を受けて通訳・翻訳のお願いをすることが私の役割でした。そうした中で語学ボランティアの方たちの高い語学力と志の高さ，そして人間性の豊かさに感銘したのです。多忙なお仕事についている方たちですので，通訳・翻訳をお願いする立場としては，仕事の支障がないように受け渡しに一定の期間を定めていますが，緊急を要する場合が多々ありました。海外の出張先から，また仕事の合間を縫ってネイティブチェックもした上で翻訳文を送っていただいたこともありました。無理と思える依頼も快く引き受けていただいたことに感謝は尽きません。また不安感を全身に表わしていた相談者が名通訳によって笑顔で帰る時ほどうれしいものはありませんでした。素晴らしい方たちとご一緒にお仕事ができたことは私の宝であり喜びです。

2) つながって、他者から学ぶことの楽しさ
　多様な人がかかわるTMCの会員は、多様な他者とつながり、多様な他者から学ぶことが楽しいと感じています。Tさん（女性）の言葉からは、「ちがいから学ぶ楽しさ」が伝わってきます。

● ちがいから学ぶ──Tさん（女性）
　私は、10年前の2002年には、TMCの創立記念式典を観客席で見ていました。フィンランド出身で日本人と結婚されているHさんもステージでお話されているのを見て、これから外国人も加わった共生社会がスタートするのだと強く感じました。また、ネパールかチベットの方がただと思いますが、男女のカップルの表情豊かな踊りを見て、素晴らしい国からきているのだなと感じたように覚えています。

朝鮮学校の生徒さんたちの力強い太鼓の音の響きも今だに残っています。後年、語学ボランティアとして登録し、リレー相談の開始に際し、大木先生の通訳の任務として、通訳に徹底するようにとの厳しくもある指導と助言のもとで、語学ボランティアとしての心構えをしっかり身につけることができました。TMCでの活動などを通して、日本人も外国籍の方も、色々な人たちの考えや国々の違いを学んでいくことは、国境を越えて、相互理解やフレンドシップにもつながっていくものと信じています。

❖未来に向けて

10年を経て、組織づくりができ、新たに個人の意思で参加する会員も増え、それぞれがそれぞれの立場で、多様な視点から活動を行うようになりました。TMCの未来に向けて具体的に何をしていきたいか、会員が思いを綴りました。

「多文化共生のひろば」で語る在日三世のKさん

1）つながる大切さ

ネットワークをとおしてつながることを提案したHさん（男性）と行動をとおしてつながることを提案したMさん（女性）の言葉を紹介します。そして、私も行動でつながることの大切さを提案しました。

● TMCの近未来　二つのネットワーク──Hさん（男性）

　TMCで理事、外国人相談員として活動する中で、近い将来実現したら良いと考えているネットワークが二つある。一つは近距離ネットワークで、例えば多摩地区でTMCと志を同じくするNPOや国際交流団体との連携である。活動としては次のようなものが考えられる。

①リレー相談会のノウハウ交換、語学ボランティアの相互派遣
　②予め語学ボランティアの言語や得意分野のリストを交換しておき、通訳や翻訳の依頼について相互に応援する
　③合同で研修会や意見交換会を開催する

　もう一つは遠距離ネットワークで、自治体が行っている姉妹都市に類似のアイデアである。北海道から沖縄まで、各地域にあるNPOと緊急時相互支援の契約を結ぶ。例えば大地震が発生した時、優先的にボランティアを派遣する、各種文書の翻訳を引き受けるといった活動を相互に約束するわけである。いざという時、頼れる先が決まっているという事は精神的に大きな支えになると思う。

●活動をとおしてつながる──Mさん（女性）
　個人的な話になるが、足の手術をした後私はしばらく歩行困難な状態が続いた。庭にある水連鉢に暮らすメダカの世話や植木鉢の水やりを、自分で行う事が出来ずにいた。そんな折り、近所に住む日本語教室の生徒さんお二人が、その面倒をみに家まで自転車で来て下さった。当然の事ながら外国出身の方達だが、「暇だから大丈夫！」とていねいに仕事をこなしてくれた。ボランティア講師として日本語教室で教える事が、こんな嬉しい形で返って来るとは思っていなかった。

　「住み続けたい」と思うコミュニティーとは、人と人とのつながりや心のふれあいがあるコミュニティーであると思う。助けを必要とする時、互いに手を差し伸べ合うコミュニティーに対してこそ、人は愛着を持つ。これは、日本人でも外国出身の方でも同じであろう。

　同じ地域・時代に生きる者同士として日常的に「つながって行く」と同時に、「役立つ情報を多言語で伝える」等の実質的で地道な活動の推進が望まれる。

●ことばから行動へ──倉八順子
　ソーシャルネットワークが充実し、世界がことばの海になった21

世紀、私たちは、東日本大震災および福島の原発事故という体験を共有し、そこから時代の大きなメッセージを学びました。3月11日、情報はネットで世界中に伝えられました。その情報は受け取り手のこころのサイズに応じて解釈され、さまざまな反応が

「飛び出せ たちかわっ子」で英語の紙芝居に聴き入るこどもたち

生じました。援助の手をさしのべてくれる人びとと、被災地に行って復興にあたる人びとと、不安から風評を広げる人びとと、ことばの海に閉じこもる人びと……このように、大事にあたって人びとのとる反応には、時代の大切なメッセージが込められていました。

　そのメッセージは、ソーシャルネットワークでことばでつながった時代だからこそ、かかわり合う具体的な行動が必要だということ。世界中からさしのべられた援助のこころは、かかわり合いを生み、共に行動することによってかけがえのない絆（KIZUNA）が生まれました。

　TMCのこれからの10年、"共にかかわり合う行動を" を目標に、会員で具体的な活動を考え共に歩んでゆけたらと思います。

2）格差のない社会を

3.11で外国人が情報弱者であることを目のあたりにして「格差のない社会」を提案したのは、難民問題と取り組む弁護士のMさんです。

●情報格差のない社会に——Mさん（男性）

　情報格差。東日本大震災後に外国人支援に携わる中で何度も痛感した言葉です。ライフラインの復旧や放射能汚染、在留資格制度の特例など、生活に不可欠な情報を理解できずに不安に陥っている外国人がたくさんおられました。この経験は、常日頃より、複数言語での情報

外国人のための防災講座

発信に努めてきたTMCの活動の重要性をより強く実感させてくれました。これからも外国人の皆様へ情報を発信し、安心を提供し続けていけるよう頑張って参ります。

❖育まれた当事者性と「つながる」こころ

　会員は、当時者として行動し「つながって」行動できた喜びを語り、未来に目を向けさらに「つながる」ために当事者として行動していく重要性を語っています。

　地域の多文化共生に生活者としてかかわる会員たちは、多文化共生社会においては、外国人と日本人は、支援するもの、支援されるものという二項対立的な枠組みを超えて、お互いに生活するものとして「つながる」ことの重要性、情報ネットワークを充実させるための活動の重要性を身をもって感じています。

　現在、TMCの会員は、言語の面でも、仕事の面でも、かかわり合う形の面でも、経済力の面でも、多様なひろがりを持ってきています。そのような多様な会員に共通に見られるのは、自らの資源を最大限に発揮しながら、他者との対話を通して、協働して、「つながって」いくことに喜びを見出していること、責任をもって行動していくことにやりがいを感じていることです。

　地域の多文化共生とは、それぞれが、それぞれの「開放の窓」をひらき合い、「やわらかなまなざし」で見つめ合い、そこから、その「やわらかなつながり」で、協働して新たなネットワークを創造していくことではないでしょうか。

あとがき

　多文化共生社会になることをこころから願いながら、本書の執筆をすすめている間に、"多文化共生"へ向けての着実な歩みを示す3つの出来事が立ち現われてきました。1つは、2016年5月27日のオバマ米大統領のヒロシマ訪問です。ヒロシマの地に立ち、原爆を落としたかつての敵国と、原爆を身に引き受けたかつての被害者が抱き合い、同胞として、核なき未来に向かってともに歩むことを誓い合う姿に、キング牧師の〈夢〉として紡がれた言葉の実現を感じ、こころを打たれました。オバマ大統領は自ら4羽の折り鶴を折って、原爆資料館を訪れたといいます。オバマ大統領の共生社会への信念の本物性に、深い感動を覚えました。
　2つ目は、5月24日のヘイトスピーチ対策法案の可決、成立です。私たち日本に住む市民は、人種や国籍に対する不当な差別的言動はあってはならず許さないと宣言し、解消に向けた取り組みをする道を歩き始めました。差別はしないという理念が共有され、行動への責任が確認されたことは、多文化共生社会への大きな第一歩になります。
　そして3つ目は、私が活動する東京都立川市が今年度の「多文化共生都市宣言」に向けて、具体的に動き出したことです。私は、この時に、第3期多文化共生推進委員会の副委員長として、具体的な宣言内容を検討する機会を与えられました。市民に親しまれる宣言文をめざして、今、委員会で検討を続けています。

本書を執筆している間に、私自身にも「多文化共生」に本気で取り組む信念があるのかを試される出来事が立ち現れてきました。私は、中国出身の経営者から、新しい日本語学校を創っていこうという依頼を受けました。中国出身の経営者とは、文化的背景の異なりから来る教育方針のちがいがあるかもしれません。また、金銭感覚のちがいから来る経営方針のちがいがあるかもしれません。そのようなちがいを受け止め、妥協点を見つけるには、寛容性をもって対話することが必要になります。私にできるかどうかわかりません。しかし、この道が私に与えられた「多文化共生」を生きる道だと考えました。私は、これまで積み重ねてきた実践知を、対話により微調整しながら、新しい日本語学校を創っていくことに取り組み始めようと思います。2016年10月に開校します。多文化共生を中心に据えて、多文化の留学生の夢の実現に、一歩一歩、取り組んでゆこうと思います。

　本書の執筆を可能にした多くの先人たちの書物に感謝します。15年間、ともに歩み続けている多文化対話教育研究所の研究員のみなさん、私と学びをともにした大学生、留学生、研修の受講生のみなさんに感謝します。地域の多文化共生にともに取り組んできているNPO法人たちかわ多文化共生センターのみなさんに感謝します。
　明石書店の大野祐子さんは、本書の執筆にあたって的確なアドバイスをしてくださいました。
　編集の吉澤あきさんは、京都から丹念な編集をしてくださいました。
　私が大切にしているアメリカの神学者ラインホールド・ニーバーの祈りをもって本書を閉じたいと思います。
　彼は1943年、マサチューセッツ州西部の山村の小さな教会で、次のような祈りの言葉を残しました。

　　神よ、
　　変えることのできるものについて、

それを変えるだけの勇気をわれらに与えたまえ。
変えることのできないものについては、
それを受け入れるだけの冷静さを与えたまえ。
そして、
変えることのできるものと、変えることのできないものとを、
識別する知恵を与えたまえ。
(ラインホルト・ニーバー『道徳的人間と非道徳的社会』大木秀夫訳、白水社、1998年)

オバマ米大統領がヒロシマを訪れた日に
　2016年5月27日

倉八順子

引用・参考文献・DVD およびウェブサイト

I

第 1 章
青木保（2001）『異文化理解』岩波新書
青木保（2003）『多文化世界』岩波新書
ブラジル日本移民史料館・ブラジル日本移民百周年記念協会百年史編纂委員会編（2008）『目で見るブラジル日本移民の百年』ブラジル日本移民百年史別巻、風響社
外国人実習生編集委員会編（2013）『外国人実習生──差別・抑圧・搾取のシステム』学習の友社
外務省「世界人権宣言」 http://www.mofa.go.jp/mofaj/gaiko/udhr/
法務省「国籍 Q&A」 http://www.moj.go.jp/MINJI/minji78.html
法務省「永住許可に関するガイドライン」 http://www.moj.go.jp/nyuukoku kanri/kouhou/nyukan_nyukan50.html
法務省「平成 27 年における難民認定者数について」 http://www.moj.go.jp/nyuukokukanri/kouhou/nyuukokukanri03_00111.html
法務省「国籍別非正規滞在者数の推移」 http://www.moj.go.jp/nyuukokukanri/kouhou/nyuukokukanri04_00051.html
法務省民事局「帰化申請者数」 http://www.moj.go.jp/MINJI/toukei_t_minj03.html
法務省入国管理局「在留資格一覧表」 http://www.immi-moj.go.jp/tetuduki/kanri/qaq5.html
法務省入国管理局「平成 26 年末現在における在留外国人数について（確定値）」 http://www.moj.go.jp/nyuukokukanri/kouhou/nyuukokukanri04_00050.html
移住労働者と連帯する全国ネットワーク編（2012）『移住者が暮らしやすい社会に変えていく 30 の方法』合同出版
金時鐘（2015）『朝鮮と日本に生きる──済州島から猪飼野へ』岩波新書
公益社団法人国際厚生事業団 http://jicwels.or.jp/?page_id=14
厚生労働省「EPA に基づく看護師・介護福祉士候補者の受け入れ人数の推移」

http://www.mhlw.go.jp/file/06-Seisakujouhou-11650000-shokugyouanteikyokuhakenyukiroudoutaisakubu/epa_base5_270825.pdf
厚生労働省「外国人雇用状況届出調査」 http://www.mhlw.go.jp/stf/houdou/0000110224.html
馬渕仁編著（2011）『「多文化共生」は可能か』勁草書房
宮島喬（2014）『多文化であることとは──新しい市民社会の条件』岩波書店
宮島喬・鈴木江理子（2014）『外国人労働者受け入れを問う』岩波ブックレット
宮島喬ほか編集協力（2014）『なぜ今、移民問題か』（2014）別冊環⑳、藤原書店
文部科学省「日本語指導が必要な外国人児童生徒数」 http://www.mext.go.jp/b_menu/houdou/27/04/__icsFiles/afieldfile/2015/06/26/1357044_01_1.pdf
日本学生支援機構「留学生数の推移」 http://www.jasso.go.jp/about/statistics/intl_student_e/2015/index.html
小熊英二（1995）『単一民族神話の起源──〈日本人〉の自画像の系譜』新曜社
大沼保昭（1993）『単一民族社会の神話を超えて──在日韓国・朝鮮人と出入国管理体制』東信堂
歴史教科書在日コリアンの歴史作成委員会編（2013）『歴史教科書　在日コリアンの歴史［第2版］』明石書店
ルソー（1962）『エミール』上・中・下、今野一雄訳、岩波文庫
島崎美穂（2013）「中国帰国者の抱える問題」加賀美常美代編著『多文化共生論──多様性理解のためのヒントとレッスン』明石書店
田中宏（2013）『在日外国人──法の壁、心の溝［第3版］』岩波新書
ヴァイツゼッカー、リヒャルト・フォン（2009）『言葉の力──ヴァイツゼッカー演説集』永井清彦訳、岩波現代文庫
安田浩一（2010）『ルポ　差別と貧困の外国人労働者』光文社新書

第2章
Allport, G. W. (1954) *The Nature of Prejudice*. Addison-Wesley［邦訳（1961）『偏見の真理』原谷達夫・野村昭訳、培風館］
青木保（2001）『異文化理解』岩波新書
バフチン、ミハイル（1988）『ことば　対話　テキスト』ミハイル・バフチン著作集8、新谷敬三郎・伊東一郎・佐々木寛訳、新時代社
Berry, J.W. (1997) "Immigration,Acculturation, Adaptation", *Applied Psychology: An International Review*, 46, 5-68
Falbo, T. & Peplau, L. A. (1980) "Power strategies in Intimate Relationship"

Journal of Personality and Social Psychology, 38, 618-628
フレイレ、パウロ（1982）『伝達か対話か——関係変革の教育学』里見実・楠原彰・桧垣良子訳、亜紀書房
平田オリザ（2001）『対話のレッスン』小学館
加賀美登美代（2013）「多文化共生とは何か」加賀美登美代編著『多文化共生論——多様性理解のためのヒントとレッスン』明石書店
加賀美登美代・横田雅弘・坪井健・工藤和宏（2012）『多文化社会の偏見・差別形成のメカニズムと低減のための教育』明石書店
川崎市外国人市民代表者会議　http://www.city.kawasaki.jp/shisei/category/60-7-2-0-0-0-0-0-0-0.html
倉八順子（1999）『こころとことばとコミュニケーション』明石書店
倉八順子（2001）『多文化共生にひらく対話——その心理学的プロセス』明石書店
Luft, J. & Ingham, H.（1955）"The Johari window, a graphic model of interpersonal awareness", *Proceedings of the western training laboratory in group development*, University of California
Migrant Integration Policy Index　http://www.mipex.eu/
Pedersen, P.（1987）*The Five Stages of Culture Shock*, Greenwood Press
斎藤環著・訳（2015）『オープンダイアローグとは何か』　医学書院
ショーン、ドナルド・A.（2007）『省察的実践とは何か——プロフェッショナルの行為と思考』柳沢昌一・三輪建二監訳、鳳書房
総務省（2006）『多文化共生の推進に関する研究会報告書——地域における多文化共生の推進に向けて』
総務省（2007）『多文化共生の推進に関する研究会報告書2007』
総務省（2012）『多文化共生の推進に関する研究会報告書——災害時のより円滑な外国人住民対応に向けて』
立川市（2014）『立川市在住外国人意向調査報告書』
立川市（2015）『第3次多文化共生推進プラン』
ウォルドロン、ジェレミー（2015）谷澤正嗣・川岸令和訳『ヘイト・スピーチという危害』みすず書房

II

第 3 章

開発教育協会「レヌカの学び」 http://www.dear.or.jp/book/book01_renuka.html

開発教育推進セミナー編（2005）「ちがいのちがい」『新しい開発教育のすすめ方　改訂新版　地球市民を育てる立場から』古今書院

「カルチャーアシミレーター」 http://www.geocities.jp/iwat33jp/Critical Incidents.htm

第 4 章

林權澤監督『風の丘を越えて／西便制（ソビョンジェ）』（1994）DVD、シネカノン

大塚勇三再話・赤羽末吉画（1967）『スーホの白い馬』福音館書店

『世界ふれあい街歩き　ベトナム／ハノイ・ホイアン』（2005）DVD　NHKエンタープライズ

立川市（2015）『立川市第 4 次長期総合計画〈概要版〉　にぎわいとやすらぎの交流都市立川』

立川市（2015）『第 3 次多文化共生推進プラン』

立川市（2015）『たちかわ創生総合戦略——迫る人口急減　岐路に立つ「交流都市 立川」の未来』

特定非営利活動法人たちかわ多文化共生センター（2012）『TMC10 年の歩み』

東京都（2016）『東京都多文化共生推進指針——世界をリードするグローバル都市へ』

ビャンバスレン・ダバー、ルイジ・ファロルニ監督『らくだの涙』（2003）DVD、クロックワークス

コラム

アウンサン スーチー［述］（2011）『絆こそ、希望の道しるべ——命あるかぎり、あきらめない』ケーズ・パブリッシング

アウンサンスーチー（2012）『自由——自ら綴った祖国愛の記録』柳沢由実子訳、角川文庫

鄭義信（2013）『鄭義信戯曲集　たとえば野に咲く花のように／焼肉ドラゴン／パーマ屋スミレ』リトルモア

CNN English Express 編（2014）『マララ・ユスフザイ国連演説＆インタビュー集』朝日出版社
エリクソン、E. H.・エリクソン、J. M.（1989）『ライフサイクル、その完結』村瀬孝雄・近藤邦夫訳、みすず書房
石川達三（1951）『蒼氓』新潮文庫
岩城けい（2015）『さようなら、オレンジ』ちくま文庫
姜尚中（2008）『在日』集英社文庫
近藤紘一（2013）『サイゴンから来た妻と娘』小学館文庫
リービ英雄訳（2002）『Man'yo Luster　万葉集』ピエブックス
リービ英雄（2004）『英語でよむ万葉集』岩波新書
「マーチン・ルーサー・キングのスピーチ　私には夢がある！」http://www.fuchu.or.jp/~okiomoya/tenpushiryou/dream.pdf
Mandela, Nelson (1994) *Long Walk to Freedom*, Little Brown & Company［邦訳（1996）『自由への長い道』上・下、東江一紀訳、日本放送出版協会］
中西進（1973）『山上憶良』河出書房新社
ニーバー、ラインホルト（1998）『道徳的人間と非道徳的社会』大木英夫訳、白水社
小熊英二・姜尚中編（2008）『在日一世の記憶』集英社新書
司馬遼太郎・上田正昭・金達寿（1982）『日本の渡来文化　座談会』中公文庫
ヴォルテール（2011）『寛容論』中公文庫
山崎豊子（1994）『大地の子』一～四、文春文庫
Yousafzai, Malala (2013) *I am Malala*, Orion Books［邦訳（2013）『私はマララ』金原瑞人・西田佳子訳、学研マーケティング］

❧ 著者紹介

倉八順子（くらはち・じゅんこ）

慶應義塾大学大学院社会学研究科博士課程修了。博士（教育学）。

明治大学農学部助教授を経て、現在、多文化対話教育研究所代表、東京富士語学院教務主任、和洋女子大学講師（日本語教員養成課程）、NPO法人たちかわ多文化共生センター理事など。

東京都立川市役所職員研修「多文化共生」、東京都市町村係長現任研修「多文化共生」、立川市国際理解多文化共生講座などで講師を務める。現在、立川市多文化共生推進委員会副会長。

［主な著書］

『コミュニケーション中心の教授法と学習意欲』風間書房、1998年

『こころとことばとコミュニケーション』明石書店、1999年

『日本語の作文技術　中・上級』古今書院、2000年

『多文化共生にひらく対話──その心理学的プロセス』明石書店、2001年

『日本語表現の教室　中級──語彙と表現と作文』古今書院、2005年

『日本語の作文力練習帳　上級──大学・大学院で学ぶために』古今書院、2012年

『日本語の論文力練習帳　改訂版』古今書院、2019年

［分担執筆］

渡戸一郎・川村千鶴子編著『多文化教育を拓く』明石書店、2002年

縫部義憲監修／迫田久美子編集『言語学習の心理』〈講座　日本語教育学〉第3巻、スリーエーネットワーク、2006年

安藤寿康・鹿毛雅治編『教育心理学──教育の科学的解明をめざして』慶應義塾大学出版会、2013年

外国人人権法連絡会『日本における外国人・民族的マイノリティ人権白書』2020年

［訳書］

ブラゼントン・グリーンスパン『こころとからだを育む新育児書』明石書店、2004年

対話で育む多文化共生入門
——ちがいを楽しみ、ともに生きる社会をめざして

2016年7月23日　初版第1刷発行
2020年6月1日　初版第2刷発行

著　者　　　　倉八順子
発行者　　　　大江道雅
発行所　　株式会社　明石書店
〒101-0021 東京都千代田区外神田6-9-5
電　話　03-5818-1171
ＦＡＸ　03-5818-1174
振　替　00100-7-24505
http://www.akashi.co.jp/

装幀　　明石書店デザイン室
印刷・製本　日経印刷株式会社

(定価はカバーに記してあります)　　　　　ISBN978-4-7503-4382-2

[JCOPY]〈出版者著作権管理機構　委託出版物〉
本書の無断複製は著作権法上での例外を除き禁じられています。複製される場合は、そのつど事前に、出版者著作権管理機構(電話 03-5244-5088、FAX 03-5244-5089、e-mail: info@jcopy.or.jp)の許諾を得てください。

書名	編著者	副題	価格
介護現場の外国人労働者	塚田典子編著	日本のケア現場はどう変わるのか	3800円
日本で働く非正規滞在者	鈴木江理子	彼らは「好ましくない外国人労働者」なのか?	5800円
自治体の姉妹都市交流	佐藤智子		5500円
多文化共生のためのテキストブック	松尾知明		2400円
多文化共生キーワード事典【改訂版】	多文化共生キーワード事典編集委員会編		2000円
多文化共生論	加賀美常美代編著	多様性理解のためのヒントとレッスン	2400円
多文化共生のための異文化コミュニケーション	原沢伊都夫		2500円
多文化社会の偏見・差別	加賀美常美代、横田雅弘、坪井健、工藤和宏編著 異文化間教育学会企画	形成のメカニズムと低減のための教育	2000円
多文化教育がわかる事典	松尾知明	ありのままに生きられる社会をめざして	2800円
多文化共生政策へのアプローチ	近藤敦編著		2400円
マリアナ先生の多文化共生レッスン	右田マリアナ春美	ブラジルで生まれ、日本で育った少女の物語	1800円
3・11後の多文化家族	川村千鶴子編著	未来を拓く人びと	2500円
異文化間介護と多文化共生	川村千鶴子、宣元錫編著	誰が介護を担うのか	2800円
多文化社会の教育課題	川村千鶴子編著	学びの多様性と学習権の保障	2800円
国際移動と教育	江原裕美編著	東アジアと欧米諸国の国際移民をめぐる現状と課題	3900円
アメリカ多文化教育の再構築	松尾知明	文化多元主義から多文化主義へ	2300円

〈価格は本体価格です〉

多文化社会ケベックの挑戦
文化的差異に関する調和の実践
ジェラール・ブシャール、チャールズ・テイラー編
竹中豊、飯笹佐代子、矢頭典枝訳
●2200円

人権と多文化共生の高校
外国につながる生徒たちと鶴見総合高校の実践
坪谷美欧子、小林宏美編著
●2200円

ユネスコスクール
地球市民教育の理念と実践
小林亮
●2400円

日本の中の外国人学校
月刊『イオ』編集部編
●1600円

日本の外国人学校
トランスナショナリティをめぐる教育政策の課題
志水宏吉、中島智子、鍛治致編著
●4500円

「往還する人々」の教育戦略
グローバル社会を生きる家族と公教育の課題
志水宏吉、山本ベバリーアン、鍛治致、ハヤシザキカズヒコ編著
●3000円

思春期ニューカマーの学校適応と多文化共生教育
実用化教育支援モデルの構築に向けて
潘英峰
●5200円

多文化ソーシャルワークの理論と実践
外国人支援者に求められるスキルと役割
石河久美子
●2600円

外国人児童生徒のための社会科教育
文化と文化の間を能動的に生きる子どもを授業で育てるために
南浦涼介
●4800円

言語教育における言語・国籍・血統
在韓・在日コリアン／日本語教師のライフストーリー研究
田中里奈
●5000円

海の向こうの「移動する子どもたち」と日本語教育
動態性の年少者日本語教育学
川上郁雄編著
●3300円

21世紀型スキルとは何か
コンピテンシーに基づく教育改革の国際比較
松尾知明
●2800円

国際理解教育
多文化共生社会の学校づくり
佐藤郡衛
●2300円

国際理解教育ハンドブック
グローバルシティズンシップを育む
日本国際理解教育学会編著
●2600円

現代国際理解教育事典
日本国際理解教育学会編著
●4700円

グローバル化と言語能力
自己と他者、そして世界をどうみるか
OECD教育研究革新センター編著　本名信行監訳
徳永優子、稲田智子、来田誠一郎、定延由紀、西村美由起、矢倉美登里訳
●6800円

〈価格は本体価格です〉

現代ヨーロッパと移民問題の原点
1970、80年代、開かれたシティズンシップの生成と試練
宮島喬編著 ●3200円

マルチ・エスニック・ジャパニーズ
○○系日本人の変革力
移民・ディアスポラ研究5
駒井洋監修 佐々木てる編著 ●2800円

「グローバル人材」をめぐる政策と現実
移民・ディアスポラ研究4
駒井洋監修 五十嵐泰正、明石純一編著 ●2800円

レイシズムと外国人嫌悪
移民・ディアスポラ研究3
駒井洋監修 小林真生編著 ●2800円

東日本大震災と外国人移住者たち
移民・ディアスポラ研究2
駒井洋監修 鈴木江理子編著 ●2800円

まんが クラスメイトは外国人
「外国につながる子どもたちの物語」編集委員会編
20の多文化共生物語 ●1200円

まんが クラスメイトは外国人 入門編
「外国につながる子どもたちの物語」編集委員会編
はじめて学ぶ多文化共生 ●1200円

在日外国人と市民権
移民編入の政治学
エリン・エラン・チャン著 阿部温子訳 ●3500円

移民のヨーロッパ
国際比較の視点から
竹沢尚一郎編著 ●3800円

移民政策へのアプローチ
ライフサイクルと多文化共生
川村千鶴子、近藤敦、中本博皓編著 ●2800円

「移民国家日本」と多文化共生論
多文化都市・新宿の深層
川村千鶴子編著 ●4800円

移民政策研究 第8号
特集：岐路に立つ難民保護「移民選別」時代の到来
移民政策学会編 ●3200円

在留特別許可と日本の移民政策
渡戸一郎、鈴木江理子、APFS編著 ●2400円

外国人の人権へのアプローチ
近藤敦編著 ●2400円

多民族化社会・日本
〈多文化共生〉の社会的リアリティを問い直す
渡戸一郎、井沢泰樹編著 ●2500円

移民政策の形成と言語教育
日本と台湾の事例から考える
許之威 ●4000円

〈価格は本体価格です〉

ブラジルのアジア・中東系移民と国民性の構築
ジェフリー・レッサー著　鈴木茂、佐々木剛二訳
世界人権問題叢書⑨　「ブラジルらしさ」をめぐる葛藤と模索
●4800円

よくわかる国際移民
OECDインサイト③　ブライアン・キーリー著　OECD編　濱田久美子訳
グローバル化の人間的側面
●2400円

移民の時代
フランソワ・エラン著　林昌宏訳
フランス人口学者の視点
●1900円

日系アメリカ移民 二つの帝国のはざまで
東栄一郎著　飯野正子監訳　飯野朋美、小澤智子、北脇実千代、長谷川寿美訳
忘れられた記憶 1868-1945
●4800円

横浜ヤンキー
レスリー・ヘルム著　村上由見子訳
日本・ドイツ・アメリカの狭間に生きたヘルム一族の150年
●2600円

現代アメリカ移民第二世代の研究
アレハンドロ・ポルテス、ルベン・ルンバウト著　村井忠政訳
世界人権問題叢書86　移民排斥と同化主義に代わる「第三の道」
●8000円

世界と日本の移民エスニック集団とホスト社会
山下清海編著
日本社会の多文化化に向けたエスニック・コンフリクト研究
●4600円

外国人の法律相談チェックマニュアル【第5版】
奥田安弘著
●2700円

日本人女性の国際結婚と海外移住
濱野健著
多文化社会オーストラリアをめぐる変容する日系コミュニティ
●4600円

国際結婚・離婚ハンドブック
田代純子著
日本で暮らすために知っておきたいこと
●2000円

詳解 国際結婚実務ガイド
榎本行雄編著　森川英一、中井正人著
国別手続きの実際から日本での生活まで
●2000円

国際結婚 多言語化する家族とアイデンティティ
河原俊昭、岡戸浩子編著
●2600円

多文化共生にひらく対話
倉八順子著
その心理学的プロセス
●2400円

こころとからだを育む新育児書
T・ベリー・ブラゼルトン、スタンレー・グリーンスパン著　倉八順子訳
成長・学習・成熟に大切な7つのニーズ
●3000円

日英対訳 ニューカマー定住ハンドブック【第2版】
有道出人、樋口彰著
日本で働き、暮らし、根付くために
●2300円

外国人の人権
関東弁護士会連合会編
外国人の直面する困難の解決をめざして
●3000円

〈価格は本体価格です〉

異文化間教育　文化間移動と子どもの教育
佐藤郡衛
●2500円

異文化間に学ぶ「ひと」の教育
異文化間教育学大系1
異文化間教育学会企画　小島勝・白土悟・齋藤ひろみ編
●3000円

文化接触における場としてのダイナミズム
異文化間教育学大系2
異文化間教育学会企画　加賀美常美代・徳井厚子・松尾知明編
●3000円

異文化間教育のとらえ直し
異文化間教育学大系3
異文化間教育学会企画　山本雅代・馬渕仁・塘利枝子編
●3000円

異文化間教育のフロンティア
異文化間教育学大系4
異文化間教育学会企画　佐藤郡衛・横田雅弘・坪井健編
●3000円

忘れられた人々　日本の「無国籍」者
陳天璽編
●1800円

レイシズムの変貌　グローバル化がまねいた社会の人種化・文化の断片化
ミシェル・ヴィヴィオルカ著　森千香子訳
●1800円

ヘイトスピーチ　表現の自由はどこまで認められるか
エリック・ブライシュ著
明戸隆浩・池田和弘・河村賢・小宮友根・鶴見太郎・山本武秀訳
●2800円

グローバル・ベーシック・インカム入門　世界を変える「ひとりだち」と「ささえあい」の仕組み
クラウディア・ハーマンほか著　岡野内正訳著
●2000円

連帯経済とソーシャル・ビジネス　貧困削減、富の再分配のためのケイパビリティ・アプローチ
池本幸生・松井範惇編著
●2500円

レジリエンスと地域創生　伝統知とビッグデータから探る国土デザイン
林良嗣・鈴木康弘編著
●4200円

コミュニティカフェと地域社会　支え合う関係を構築するソーシャルワーク実践
倉持香苗
●4000円

スモールマート革命　持続可能な地域経済活性化への挑戦
マイケル・シューマン著　毛受敏浩監訳
●2800円

自治体がひらく日本の移民政策　人口減少時代の多文化共生への挑戦
毛受敏浩
●2400円

開発なき成長の限界　現代インドの貧困・格差・社会的分断
アマルティア・セン、ジャン・ドレーズ著　湊一樹訳
●4600円

正義のアイデア
アマルティア・セン著　池本幸生訳
●3800円

〈価格は本体価格です〉